elefante

EDIÇÃO
TADEU BREDA

ASSISTÊNCIA DE EDIÇÃO
LUIZA BRANDINO

PREPARAÇÃO
NATALIA ENGLER

REVISÃO
ADRIANA MOREIRA PEDRO
LAILA GUILHERME

CAPA & DIREÇÃO DE ARTE
BIANCA OLIVEIRA

ASSISTÊNCIA DE ARTE
SIDNEY SCHUNCK

DIAGRAMAÇÃO
DENISE MATSUMOTO

SILVIA FEDERICI

—

ALÉM DA PELE

—

REPENSAR, REFAZER
E REIVINDICAR O CORPO
NO CAPITALISMO
CONTEMPORÂNEO

TRADUÇÃO JAMILLE PINHEIRO DIAS

AGRADECIMENTOS 7
INTRODUÇÃO 11

1

PRIMEIRA CONFERÊNCIA
**O CORPO, O CAPITALISMO
E A REPRODUÇÃO DA FORÇA
DE TRABALHO** 19

SEGUNDA CONFERÊNCIA
**A "POLÍTICA CORPORAL"
NA REVOLTA FEMINISTA** 37

TERCEIRA CONFERÊNCIA
**O CORPO NA CRISE
REPRODUTIVA ATUAL** 54

3

**COM FILOSOFIA, PSICOLOGIA E TERROR:
TRANSFORMANDO CORPOS EM FORÇA
DE TRABALHO** 103

**ORIGENS E DESENVOLVIMENTO DO TRABALHO SEXUAL
NOS ESTADOS UNIDOS E NA GRÃ-BRETANHA** 122

**"MÓRMONS NO ESPAÇO" REVISITADO, COM
GEORGE CAFFENTZIS** 145

POSFÁCIO SOBRE A MILITÂNCIA ALEGRE 169
CRÉDITOS DAS IMAGENS 175
REFERÊNCIAS 176
SOBRE A AUTORA 188

7

17

2

65

SOBRE CORPO, GÊNERO E PERFORMANCE 67

RECONSTRUIR NOSSO CORPO, RECONSTRUIR O MUNDO? 76

BARRIGA DE ALUGUEL: DOM DA VIDA OU NEGAÇÃO DA MATERNIDADE? 90

101

4

158

EM LOUVOR AO CORPO QUE DANÇA 161

169

AGRADECIMENTOS

Além da pele deve sua existência a um convite do Departamento de Antropologia e Mudança Social do Instituto de Estudos Integrais da Califórnia para que eu realizasse, em 2015, três conferências sobre o tema do corpo, que mais tarde viriam a ser publicadas pela PM Press. Isso me deu a oportunidade não apenas de repensar temas que têm sido cruciais no meu trabalho, mas também de reunir em um único volume artigos anteriores dedicados ao assunto. Meus primeiros agradecimentos, portanto, vão para Andrej Grubačić, diretor do Departamento de Antropologia e Mudança Social, e para a PM Press.

Também quero agradecer às mulheres que criaram a Free Home University e participaram de uma oficina realizada na minha cidade natal, Parma, na Itália, de 11 a 16 de junho de 2019, sobre a questão do corpo e da reprodução social, com as quais li e discuti os artigos que integram a primeira parte deste livro. Agradeço especialmente a Gaia Alberti, Sarah Amsler, Edith Bendicente, Carla Bottiroli Greil, Claire Doyon, Daria Filardo, Jesal Kapadia, Aglaya Oleynikova, Alessandra Pomarico, Teresa Roversi, Begonia Santa Cecilia e ao centro social do Laboratório de Arte de Parma, que acolheu generosamente nossa oficina.

Obrigada também a Jesse Jones, Tessa Giblin, Rachel Anderson e Cis Boyle, pela amizade, pelo apoio e pelo tempo compartilhados discutindo política corporal e esculpindo Sheela na Gigs.[1] Obrigada, Jesse, por seu poderoso trabalho intitulado *Tremble, Tremble* (2017), que reconfigura o corpo materno para uma nova imaginação política.

Agradecimentos especiais a Camille Barbagallo, que editou este livro. Também gostaria de agradecer às contribuições do Feminist Research on Violence [Pesquisa feminista sobre violência], coletivo de mulheres de Nova York com quem conspiro para mudar o mundo e manter o site que leva o mesmo nome (http://feministresearchonviolence.org). Obrigada pelo conhecimento, pelo carinho e pelo entusiasmo que compartilhamos em nossas reuniões, que alimentam e inspiram minha escrita.

Finalmente, agradeço aos editores dos livros e periódicos em que alguns dos artigos aqui reunidos foram publicados pela primeira vez.

"Com filosofia, psicologia e terror: transformando corpos em força de trabalho" foi publicado anteriormente em Athanasios Marvakis *et al.* (org.), *Doing Psychology under New Conditions* [Fazer psicologia em novas condições] (Captus Press, 2013, p. 2-10). Uma versão inicial desse artigo foi também apresentada na Conferência sobre Psicologia Teórica realizada em Tessalônica, Grécia, em 28 de junho de 2011.

"'Mórmons no espaço' revisitado, com George Caffentzis" é uma nova versão do artigo "Mormons in

---

1 Esculturas de mulheres abrindo a própria vulva, representada de maneira propositalmente grande. São encontradas em diversas localidades da Europa, sobretudo talhadas em paredes de igrejas. A maioria remete aos séculos XI e XII. [N.E.]

Space", publicado com George Caffentzis em *Midnight Notes* (v. 2, n. 1, p. 3-12, 1982).

"Em louvor ao corpo que dança" foi publicado anteriormente em *A Beautiful Resistance* (n. 1, p. 83-6, 22 ago. 2016).

"Sobre a militância alegre" é um trecho editado com base em uma entrevista intitulada "Feeling Powers Growing" [Sentir os poderes crescendo], publicada em Nick Montgomery e Carla Bergman (org.), *Joyful Militancy: Building Thriving Resistance in Toxic Times* [Militância feliz: construir uma resistência próspera em tempos tóxicos] (AK Press, 2018).

INTRODUÇÃO

Além da pele foi originalmente concebido como resposta a questões que surgiram nas três conferências que fiz no Instituto de Estudos Integrais da Califórnia no inverno de 2015, sobre o significado do corpo e da política corporal no movimento feminista dos anos 1970 e no meu próprio trabalho teórico. Essas conferências tiveram múltiplos propósitos: enfatizar a contribuição do feminismo da década de 1970 para uma teoria do corpo, agora tão subestimada pelas novas gerações de feministas; reconhecer, ao mesmo tempo, sua própria incapacidade de conceber estratégias que pudessem transformar significativamente as condições materiais da vida das mulheres; e apresentar o arcabouço que desenvolvi em *Calibã e a bruxa*, de modo a examinar as raízes das formas de exploração às quais as mulheres têm sido submetidas ao longo da história da sociedade capitalista.

Nesse sentido, minha apresentação foi uma forma de repensar as lições aprendidas no passado. No entanto, as discussões que se seguiram às conferências suscitaram questões que ultrapassaram esse arcabouço original, convencendo-me a ampliar o horizonte das minhas conferências e deste livro. Quatro perguntas se destacaram como essenciais para este volume. Em primeiro lugar: "mulheres" ainda é uma categoria necessária para a política feminista, considerando a diversidade de histórias e experiências que esse rótulo abarca, ou devemos descartá-la, como propuseram Judith Butler e outras teóricas pós-estruturalistas? De forma mais ampla, devemos rejeitar qualquer identidade política como inevitavelmente fictícia e optar por unidades construídas com base em fundamentos puramente oposicionistas? Como devemos avaliar as novas tecnologias reprodutivas que prometem reestruturar nossa aptidão física e reconstruir nosso corpo para que se adapte melhor a nossos desejos? Será que essas tecnologias fortalecem o controle que temos sobre nosso corpo ou o transformam em objeto de experimentação e de lucro a serviço do mercado capitalista e da profissão médica?

O livro está organizado em torno dessas questões, com exceção da primeira parte, que é uma preparação para elas, uma vez que meu objetivo implícito é demonstrar que o movimento feminista dos anos 1970 deve ser avaliado principalmente com base nas estratégias que adotou, e não por sua perspectiva marcada pelo gênero. Nesse sentido, a posição que defendi difere significativamente das teóricas da "performance", que têm se mostrado mais propensas a criticar o movimento de libertação das mulheres da década de 1970 por sua suposta política identitária do que pelas estratégias políticas reais que colocou em prática.

Desenvolvidas no início dos anos 1990 – numa época em que o feminismo passava por uma grande crise devido ao impacto de uma absorção institucional, à entrada das mulheres em cargos dominados por homens e a uma reestruturação econômica que exigia uma força de trabalho mais fluida no que diz respeito ao gênero –, teorias pós-estruturalistas que postulavam que corpo e gênero são produto de práticas discursivas e performativas eram sem dúvida atraentes, e continuam a ser, para muitas pessoas. Mas deve ficar claro que, se descartarmos "mulheres" como categoria analítica/política, o mesmo deveria acontecer com "feminismo", uma vez que é difícil imaginar um movimento de oposição se não houver uma experiência comum de injustiça e abuso. De fato, os empregadores, assim como os tribunais, rapidamente passaram a tirar proveito da reivindicação feminista quanto a uma diversidade irredutível entre as mulheres, negando o status de certificação de classe para funcionárias de empresas (como o Walmart) que denunciam a discriminação baseada no gênero, e obrigando-as, em vez disso, a registrar suas reclamações individualmente.[2] E o mais importante: podemos certamente imaginar experiências como a maternidade, a criação de filhos e a subordinação social aos homens como constituintes de *um terreno comum de luta para as mulheres*, mesmo que nesse terreno possam se desenvolver estratégias contrastantes? Identidades alternativas, tais como gay, trans e *queer*, estão menos sujeitas à fragmentação com base em classe, raça, origem étnica e idade?

Escrevo estas palavras depois de ver as imagens incríveis vindas das ruas de Buenos Aires e de outras partes da Argentina, onde há vários anos centenas de milhares de mulheres têm se reunido para combater — apesar de suas diversidades e, muitas vezes, de seus desacordos — a violência contra as mulheres e o endividamento das mulheres, e para lutar pelo direito ao aborto, tomando decisões coletivas que transformam o que significa ser mulher. O que seriam essas lutas sem o reconhecimento

---

2 Em 2013, a Suprema Corte dos Estados Unidos rejeitou a ação coletiva movida por funcionárias do Walmart que denunciaram a discriminação com relação ao salário e às condições de trabalho, argumentando que as mulheres não constituem uma classe, em virtude de sua diversidade, e que essas funcionárias deveriam apresentar suas queixas individualmente.

da "mulher" como sujeito político, como uma identidade que é claramente contestada, mas também constantemente redefinida de formas importantes para a construção de uma visão de mundo que nos esforçamos em criar?

É esse o argumento que desenvolvi na segunda parte do livro, na qual proponho que a negação de uma possibilidade de identificação social ou política é um caminho para a derrota. É uma negação de solidariedade entre os vivos e com os mortos, e é imaginar povos sem história. Outro pensamento que ajuda a ver as coisas com clareza é que cada conceito geral é construído na presença de grandes diferenças. Se considerarmos a diversidade um elemento excludente, não podemos falar com mais segurança sobre amor, educação e morte do que podemos falar de mulheres, homens e pessoas trans. Sabemos, por exemplo, que o amor na Grécia e na Roma antigas era muito diferente do amor vivido no século XX na Europa ou nos Estados Unidos, ou do amor vivido em um contexto poligâmico. Isso não nos impede de utilizar esse conceito e muitos outros construídos de forma semelhante, pois, sem isso, teríamos de nos limitar ao silêncio.

A segunda parte também examina o que pode ser definido como um novo movimento de reconstrução do corpo, no qual tanto as inovações tecnológicas quanto a profissão médica exercem um papel importante. No caso, meu objetivo é mais enfatizar o que está em jogo e advertir contra os perigos implícitos do que criticar as práticas envolvidas. As reconstruções do corpo são muito diferentes, passando por cirurgia plástica, barriga de aluguel e redesignação de gênero. Mas o que paira de maneira significativa em cada um desses casos são o poder e o prestígio que os especialistas médicos ganharam com as mudanças de vida que prometem. Essa dependência de uma instituição que tem uma longa história de cooperação com o capital e o Estado deveria nos preocupar. Deveríamos recorrer à história para nos orientarmos nesse contexto.

Na terceira parte, incluí artigos que discutem o papel da medicina e da psicologia no processo de organização e disciplinamento de trabalhadores da indústria e mulheres, estas últimas como sujeitos do trabalho reprodutivo. A terceira parte também analisa as discussões, incipientes na era Reagan, sobre o tipo de mão de obra necessário para o trabalho em novos ambientes tecnológicos e locais extraterrestres. O sonho capitalista, representado em "Mórmons no espaço", de um trabalhador ascético, capaz de superar a inércia de um corpo construído ao longo de milhões de anos para funcionar, por exemplo, em colônias espaciais, é hoje elucidativo, pois o desenvolvimento capital da inteligência artificial exige novas habilidades e uma remodelação das subjetividades. Atualmente, a expressão concreta desse sonho é a instalação de microchips em nosso cérebro; os que tiverem condições de adquiri-los poderão aumentar suas capacidades e se libertar de passaportes e chaves. Entretanto, já são abundantes as visões de um tempo em que indivíduos seletos certamente funcionarão como mentes puras, capazes de armazenar grandes quantidades de memória e pensar a uma grande velocidade, lendo, por exemplo, um livro em meia hora. Enquanto isso, a experimentação com o desmembramento e a recombinação de nosso corpo também está avançando a um ritmo acelerado na direção de um mundo no qual a clonagem, a edição e a transferência de genes – já realizada com animais – farão parte do processo médico/científico, supostamente permitindo que um futuro mundo capitalista produza não apenas mercadorias inanimadas, mas novas formas de vida humana.

Nesse contexto, reivindicar nosso corpo e nossa capacidade de decidir sobre nossa realidade corporal começa por afirmar o poder e a sabedoria do corpo tal como o conhecemos, uma vez que ele se formou durante um longo período, em constante interação com o planeta Terra, de maneiras que se modificaram trazendo grande risco para nosso bem-estar. "Em louvor ao corpo que dança", artigo da quarta parte que conclui o livro, escrito depois de eu ter assistido a um espetáculo de dança criado pela coreógrafa Daria Fain, sobre o surgimento da consciência e da linguagem, celebra esse poder e essa sabedoria que o capitalismo hoje quer destruir. Minha visão aqui difere da concepção bakhtiniana do corpo pantagruélico, como imaginado por Rabelais na França do século XVI — um corpo que se expande além de sua pele, mas por meio da apropriação e da ingestão de tudo o que há de comestível no mundo, em uma orgia de prazer sensual e liberação de todas as restrições. Minha concepção é igualmente expansiva, mas de uma natureza diferente. Pois o que ela encontra, ao ir além da pele, não é um paraíso culinário, mas uma continuidade mágica com os outros organismos vivos que povoam a Terra: os corpos dos humanos e dos não humanos, as árvores, os rios, o mar, as estrelas. É a imagem de um corpo que reúne o que o capitalismo dividiu, um corpo não mais constituído como uma mônada leibniziana, sem janelas e sem portas, mas que se move em harmonia com o cosmos, em um mundo no qual a diversidade é uma riqueza para todos e um terreno de comunhão, e não uma fonte de divisões e antagonismos.

PRIMEIRA CONFERÊNCIA

O CORPO, O CAPITALISMO E A REPRODUÇÃO DA FORÇA DE TRABALHO

Não há dúvida de que o corpo se encontra hoje no centro do discurso político, disciplinar e científico, dada a tentativa de redefinir, em todos os campos, suas principais qualidades e possibilidades. O corpo é a esfinge a ser interrogada e sobre a qual há de se atuar no caminho da mudança social e individual. No entanto, é quase impossível articular uma visão coerente do corpo com base nas teorias mais aceitas na arena intelectual e política. Por um lado, temos as formas mais extremas de determinismo biológico, com a ideia de que o DNA é o *deus absconditus* (deus oculto) que supostamente determina, pelas nossas costas, nossa vida fisiológica e psicológica. Por outro lado, temos teorias (feministas, trans) que nos encorajam a descartar todos os fatores "biológicos" em favor de representações performativas ou textuais do corpo e a abraçar, como parte constitutiva de nosso ser, nossa crescente assimilação ao mundo das máquinas.

Uma tendência comum, entretanto, é a ausência de um ponto de vista que permita identificar as forças sociais que estão afetando nosso corpo. Com uma obsessão quase religiosa, biólogos circunscrevem uma área de atividade significativa a um mundo microscópico de moléculas, cuja constituição é tão misteriosa quanto a do "pecado original". Para esses biólogos, chegamos a este mundo já poluídos por, predispostos a, predestinados a, ou salvos de uma determinada doença, pois tudo está no DNA que um deus desconhecido nos atribuiu. As teorias discursivas e performativas do corpo, por sua vez, também silenciam a respeito do terreno social a partir do qual são geradas ideias sobre o corpo e as práticas corporais. Existe talvez o medo de que a busca de uma causa unitária possa nos cegar para as diversas maneiras pelas quais nosso corpo articula nossas identidades e relações com o poder. Há também uma tendência, recuperada de Michel Foucault, a investigar os "efeitos" dos poderes que agem sobre nosso corpo, em vez de suas origens. Contudo, sem uma reconstrução do campo de forças no qual nosso corpo se movimenta, ele deve permanecer ininteligível ou induzir a perspectivas confusas acerca do modo pelo qual opera. Como, por exemplo, podemos conceber "ir além do binário" sem uma compreensão de sua utilidade econômica, política e social dentro de sistemas particulares de exploração e, por outro lado, de uma compreensão das lutas pelas quais as identidades de gênero são continuamente transformadas? Como falar de nossa "performance" de gênero, raça e idade sem um reconhecimento da coação gerada por formas específicas de exploração e punição?

Precisamos identificar o mundo das políticas antagônicas e das relações de poder pelas quais nosso corpo é constituído e repensar as lutas travadas em oposição à "norma" se quisermos elaborar estratégias de mudança.

Foi essa a tarefa que levei adiante em *Calibã e a bruxa* (2004 [2023]), obra em que examinei como a transição para o capitalismo alterou o conceito e o tratamento do "corpo",[3] argumentando que um dos principais projetos do capitalismo foi a *transformação de nosso corpo em máquina de trabalho*. Isso significa que a necessidade de maximizar a exploração da força de trabalho viva, também por meio da criação de formas diferenciadas de trabalho e coerção, tem sido o fator que, mais do que qualquer outro, moldou nosso corpo na sociedade capitalista. Essa abordagem contrasta intencionalmente com a de Foucault (1979 [2010]), que atribui as raízes dos regimes disciplinares aos quais o corpo foi submetido ao início da "era moderna", no funcionamento de um "Poder" metafísico que tampouco é adequadamente identificado em seus propósitos e objetivos.[4]

Também em contraste com Foucault, argumentei que não temos uma, mas múltiplas histórias do corpo, ou seja, múltiplas histórias de como a mecanização do

---

3 Utilizo as aspas para indicar o caráter fictício desse conceito, como abstração de histórias e realidades sociais diferentes e únicas.

4 Vale mencionar aqui a crítica à análise de Foucault sobre a "economia política do corpo", feita por Dario Melossi em *Cárcere e fábrica*: "Esta *construção* burguesa do corpo na escola, no quartel, no cárcere, na família, permanece totalmente incompreensível [...] se não for considerada como parte da organização do trabalho capitalista (e *neste momento* da história do capitalismo) que necessita estruturar o corpo como uma máquina no interior da máquina produtiva em seu conjunto. Em outras palavras, deve-se atentar para o fato de que a organização do trabalho não assume o corpo como algo estranho, mas sim o *incorpora*, nos músculos e na cabeça, reorganizando ao mesmo tempo o processo produtivo e essa parte fundamental do mesmo que é constituída pelo corpo-força de trabalho. A *máquina* constitui, em suma, nestes anos, uma invenção abrangente, que encerra uma parte morta, inorgânica, fixa, e uma outra, viva, orgânica, variável" (Melossi & Pavarini, 1981, p. 44-5 [2006, p. 77]).

corpo foi articulada, pois as hierarquias raciais, sexuais e geracionais que o capitalismo construiu desde seu início excluem a possibilidade de um ponto de vista universal. É por isso que a história do "corpo" deve ser interligada às histórias daqueles que foram escravizados, colonizados ou transformados em trabalhadores assalariados ou donas de casa não remuneradas, e às histórias das crianças, tendo em mente que essas classificações não são mutuamente excludentes e que nossa sujeição a "sistemas interligados de dominação" sempre produz uma nova realidade.[5] Eu acrescentaria que também precisamos de uma história do capitalismo escrita do ponto de vista do mundo animal e, claro, das terras, dos mares e das florestas.

Precisamos olhar "o corpo" com base em todos esses pontos de vista para compreender a profundidade da guerra que o capitalismo travou contra os seres humanos e a "natureza" e para conceber estratégias capazes de acabar com essa destruição. Falar de guerra não é assumir uma totalidade original ou propor uma visão idealizada da "natureza"; é ressaltar o estado de emergência em que vivemos atualmente e questionar, em uma época que promove a reconstrução de nosso corpo como um caminho para o empoderamento social e a autodeterminação, os benefícios que podemos obter de políticas e tecnologias que não sejam controladas a partir de baixo. De fato, antes de celebrarmos nossa trans-

---

5 Utilizo o conceito de bell hooks de sistemas interligados de dominação – crucial na teoria da interseccionalidade (hooks, 1990, p. 59 [2019, p. 133]). Ver também hooks (1988, p. 175 [2019, p. 355]).

formação em ciborgues, devemos refletir sobre as consequências sociais do processo de mecanização pelo qual já passamos.[6] É ingênuo, de fato, imaginar que nossa simbiose simbólica com máquinas resulte necessariamente em uma extensão de nossos poderes e ignorar as limitações que as tecnologias impõem à nossa vida e sua crescente utilização como meio de controle social, além do custo ecológico de sua produção.[7]

O capitalismo tem tratado nosso corpo como máquina de trabalho porque é o sistema social que mais sistematicamente faz do trabalho humano a essência da acumulação de riqueza, e que mais precisou maximizar sua exploração. E tem realizado isso de diferentes maneiras: com a imposição de formas mais intensas e uniformes de trabalho, com múltiplos regimes e instituições disciplinares, com terror e rituais de degradação. Um exemplo é a imposição que ocorria nas casas de trabalho holandesas,[8] que, no século XVII, obrigavam trabalhadores a raspar blocos de madeira com um método extremamente retrógrado e extenuante, sem nenhum propósito útil a não ser ensinar a obedecer a ordens externas e a experimentar a impotência e a sujeição em cada fibra de seu corpo (Melossi & Pavarini, 1981 [2006]).

---

6 Aqui me refiro ao "Manifesto ciborgue" de Donna Haraway (1991 [2009]), que considero teórica e politicamente muito problemático.
7 Sobre o uso da tecnologia para fins carcerários e de vigilância, ver Ruha Benjamin (2019).
8 Em inglês, *workhouses*, alojamentos comuns na Inglaterra e na Holanda dos séculos XVII e XVIII, onde pessoas pobres realizavam trabalhos improdutivos e exaustivos. [N.E.]

Outro exemplo de ritual degradante empregado para minar a disposição das pessoas para a resistência foi imposto, a partir da virada do século XX, por médicos da África do Sul aos africanos destinados a trabalhar nas minas de ouro (Butchart, 1998, p. 92-110). Sob o pretexto de "testes de tolerância ao calor" ou "procedimentos de seleção", esses trabalhadores eram obrigados a se despir, formar filas e empurrar pedras, submetendo-se posteriormente a exames radiográficos ou a medições com fitas métricas e balanças de pesagem, tudo sob o olhar dos examinadores médicos, que muitas vezes permaneciam invisíveis para aqueles que eram testados (Butchart, 1998, p. 94, 97, 100). O objetivo dessa prática era supostamente demonstrar aos futuros trabalhadores o poder soberano da indústria de mineração e apresentar aos africanos uma vida na qual eles seriam "privados de qualquer dignidade humana" (Butchart, 1998, p. 94).

No mesmo período, na Europa e nos Estados Unidos, os estudos do taylorismo sobre tempo e movimento – incorporados na construção da linha de montagem – transformaram a mecanização dos corpos dos trabalhadores em um projeto científico por meio da fragmentação e da atomização das tarefas, da eliminação de qualquer elemento de decisão sobre o processo de trabalho e, acima de tudo, da separação do próprio trabalho de qualquer conhecimento e fator de motivação.[9] O automatismo, entretanto, também tem sido o produto de uma vida de

---

9 Sobre esse tema, ver Braverman (1974 [1987]), principalmente o capítulo 4, "Gerência científica", e o capítulo 8, "A revolução científico-tecnológica e o trabalhador".

trabalho baseada em uma repetição infinita, uma vida "entre quatro paredes",[10] como em um turno das nove da manhã às cinco da tarde numa fábrica ou num escritório, onde até mesmo as férias se tornam mecanizadas e rotineiras, devido às restrições de tempo e previsibilidade.

Mas Foucault tinha razão: a "hipótese repressiva" não é suficiente para explicar a história do corpo no capitalismo.[11] Tão importante quanto o que foi reprimido foram as "capacidades" desenvolvidas. Em *Princípios de economia* (1890), o economista britânico Alfred Marshall celebrou as capacidades que a disciplina capitalista produziu na força de trabalho industrial, declarando que poucas populações no mundo eram capazes de fazer o mesmo que os trabalhadores europeus da época. Ele elo-

10 A referência é a peça de teatro *Entre quatro paredes* (1944), de Jean-Paul Sartre, que descreve o inferno como a condição de estarmos presos em nós mesmos e à qual somos condenados quando não conseguimos nos libertar das restrições impostas à nossa vida por nossas ações passadas.
11 Por "hipótese repressiva", Foucault refere-se à tendência, entre os historiadores, de descrever os efeitos do capitalismo na vida social e na disciplina apenas como repressão. Ele argumentou, em vez disso, que um grande desenvolvimento no tratamento capitalista da sexualidade tem sido uma "verdadeira explosão discursiva" sobre o sexo — na verdade, a transformação do sexo em discurso —, por meio da qual "multiplicaram-se as condenações judiciárias das perversões menores" (Foucault, 1978, p. 17, 36-7 [2019, p. 19, 40]). Embora eu considere reducionista, ainda que brilhante, a ênfase de Foucault na "virada discursiva" por meio da qual o sexo foi transformado em um bem imaterial, concordo com sua insistência no caráter produtivo da disciplina social e até mesmo da repressão social. O dinamismo psíquico parece ser regido por uma lei semelhante à da conservação de energia, pela qual a proibição de determinadas formas de comportamento não produz um vácuo, mas respostas substitutivas, compensatórias, e a tradução do desejo reprimido em "discurso" é uma delas.

giou a "habilidade geral" que os trabalhadores industriais tinham de seguir trabalhando continuamente, durante horas, na mesma tarefa; de lembrar de tudo; de lembrar, ao fazer uma tarefa, qual seria a próxima a ser executada; de trabalhar com instrumentos sem quebrá-los, sem perder tempo; de serem cuidadosos na manipulação de um maquinário caro; e de manter a constância, mesmo durante as tarefas mais monótonas. Estas, argumentou ele, eram habilidades únicas que poucas pessoas no mundo possuíam, o que demonstrava, de acordo com seu ponto de vista, que mesmo o trabalho que parece não ser qualificado é, na verdade, altamente qualificado (Marshall, 1990, p. 172 [1996, p. 263]).

Marshall não chegou a dizer como foram criados trabalhadores tão maravilhosos que parecem máquinas. Ele não falou que essas pessoas tiveram de ser separadas de suas terras e aterrorizadas com tormentos e execuções exemplares. Os vagabundos tinham as orelhas cortadas. As prostitutas eram submetidas ao "afogamento simulado", mesmo tipo de tortura a que a CIA e as Forças Especiais dos Estados Unidos submetem aqueles a quem acusam de "terrorismo". Amarradas a uma cadeira, mulheres suspeitas de comportamento impróprio eram mergulhadas em lagos ou rios, quase a ponto de se afogarem. Pessoas escravizadas eram chicoteadas até que a carne fosse arrancada de seus ossos, além de serem queimadas, mutiladas, deixadas sob um sol escaldante até que seu corpo apodrecesse.

Como argumentei em *Calibã e a bruxa*, com o desenvolvimento do capitalismo, não apenas as terras comunais foram "cercadas" como também os corpos. Mas esse processo era diferente para homens e mulheres, da mesma forma que diferia para aquelas pessoas que estavam destinadas a ser escravizadas e aquelas que estavam sujeitas a outras formas de trabalho forçado, incluindo o trabalho assalariado.

As mulheres, no desenvolvimento capitalista, sofreram um duplo processo de mecanização. Além de serem submetidas à disciplina do trabalho, remunerado e não remunerado, em plantações, fábricas e em seus lares, foram expropriadas de seu corpo e transformadas em objetos sexuais e máquinas reprodutoras.

A acumulação capitalista, conforme notou Karl Marx, é a acumulação de trabalhadores.[12] Foi essa a motivação que impulsionou o tráfico de escravizados, o desenvolvimento do sistema de plantation e, como venho argumentando, a caça às bruxas que ocorreu na Europa e no "Novo Mundo".[13] Por meio da perseguição às "bruxas", as mulheres que desejavam controlar a própria capacidade reprodutiva foram denunciadas como inimigas das crianças e, de diversas maneiras, submetidas a uma demonização que persiste até hoje. No século XIX, por exemplo, defensoras do "amor livre", como Victoria Woodhull,[14]

---

12 Ver, por exemplo, Marx (1990, p. 764 [2017, p. 690]): "A reprodução da força de trabalho, que tem incessantemente de se incorporar ao capital como meio de valorização [...], constitui, na realidade, um momento da reprodução do próprio capital. *Acumulação do capital é, portanto, multiplicação do proletariado*" (grifo meu).
13 Ver Federici (2004 [2023]), especialmente o capítulo 4, "A Grande Caça às Bruxas na Europa".
14 Victoria Woodhull (1838-1927), sufragista, espiritualista, jornalista. Em sua época, defender o amor livre significava garantir que os indivíduos permanecessem nas relações enquanto desejassem, em vez de manter o casamento durante a vida inteira. [N.E.]

foram estigmatizadas na imprensa estadunidense como satânicas e retratadas com asas de demônio e coisas do gênero (Poole, 2009). Também hoje, em vários lugares dos Estados Unidos, as mulheres que vão a clínicas com o objetivo de abortar têm de passar por multidões de "defensores do direito à vida" gritando "assassinas de bebês" e perseguindo-as até a porta da clínica, graças a uma decisão tomada pela Suprema Corte.[15]

Em nenhuma esfera a tentativa de reduzir o corpo das mulheres a uma máquina foi mais sistemática, brutal e normalizada do que na escravidão. Expostas a constantes agressões sexuais e à dor atroz de verem seus filhos vendidos e escravizados, essas mulheres, após a proibição inglesa do comércio de escravizados em 1807, foram forçadas a procriar para alimentar uma indústria reprodutiva cujo centro era a Virgínia.[16] "Enquanto os teares de

---

15 Em junho de 2014, a Suprema Corte derrubou por unanimidade uma lei do estado de Massachusetts que proibia manifestantes de ficarem a menos de dez metros da entrada de uma unidade de saúde reprodutiva. Como consequência dessa decisão, agora as mulheres que vão a uma clínica para fazer um aborto legal devem ser acompanhadas, pois os manifestantes têm o direito de segui-las até a porta de entrada, criando uma situação extremamente tensa e ameaçadora.

16 Ver Sublette e Sublette (2016) e Beckles (1989), especialmente o capítulo 5, "Breeding Wenches and Labor Supply Policies" [Reprodução de escravizadas e políticas de oferta de trabalho]. Se nos Estados Unidos o centro da indústria de reprodução de escravizados era a Virgínia, nas ilhas caribenhas esse núcleo se dava em Barbados, "a única colônia de plantação de açúcar que em 1807 conseguiu eliminar a necessidade econômica de importação de escravizados africanos como resultado de um crescimento natural positivo no estoque de escravizados" (Beckles, 1989, p. 91). Beckles (1989, p. 92) acrescenta que, no século XVIII, a "reprodução" de escravizados "surgiu como uma política popular, e o termo se tornou corrente na linguagem da gestão em relação à oferta de mão de obra".

Lancashire absorviam todo o algodão que o Sul era capaz de produzir", escreveram Ned e Constance Sublette, "o ventre das mulheres era não apenas a fonte de enriquecimento local, mas também fornecedor de um sistema global de insumos agrícolas, de insumos para a indústria escravista e de expansão financeira" (Sublette & Sublette, 2016, p. 414). Thomas Jefferson conseguiu, com grande esforço, que o Congresso estadunidense limitasse a importação de escravizados da África a fim de proteger os preços daqueles que as mulheres das plantações da Virgínia procriariam. "Considero", escreveu ele, "uma mulher que tem uma criança a cada dois anos mais lucrativa do que o melhor homem da fazenda. O que ela produz é um acréscimo ao capital, enquanto o trabalho do homem desaparece com o mero consumo" (Jefferson *apud* Sublette & Sublette, 2016, p. 416).

Além das escravizadas, nenhum grupo de mulheres na história dos Estados Unidos foi diretamente obrigado a ter filhos, mas a criminalização do aborto institucionalizou a procriação involuntária e o controle estatal do corpo feminino. O advento da pílula anticoncepcional não alterou de forma significativa essa situação. Mesmo em países onde o aborto foi legalizado, foram introduzidas restrições que dificultam a realização do procedimento.[17] Isso acontece porque a procriação tem um valor eco-

---

17 Nos Estados Unidos, ao longo dos anos, foram introduzidas restrições em vários estados, reduzindo o período em que o aborto é permitido e condicionando o procedimento ao consentimento do genitor. Existe hoje uma tendência a proibir totalmente o aborto. Exemplo disso foi a medida aprovada pelo Senado do Alabama, em 14 de maio de 2019, proibindo o aborto em qualquer etapa gestacional.

nômico que não diminui por causa do aumento do poder tecnológico do capital. É um erro, de fato, supor que o interesse da classe capitalista pelo controle da capacidade reprodutiva das mulheres possa estar diminuindo em razão de sua capacidade de substituir trabalhadores por máquinas. Apesar de sua tendência a despedir trabalhadores e criar "populações excedentes", a acumulação de capital ainda requer trabalho humano. Somente o trabalho cria valor; as máquinas, não. O próprio crescimento da produção tecnológica, como argumenta Danna (2019, p. 208), é possibilitado pela existência de desigualdades sociais e pela intensa exploração dos trabalhadores do "Terceiro Mundo". O que está desaparecendo hoje é a compensação pelo trabalho que era pago no passado, não o trabalho em si. O capitalismo precisa de trabalhadores e também de consumidores e soldados. É por isso que o tamanho real da população ainda é uma questão de grande importância política. Como Jenny Brown demonstrou em *Birth Strike* [Greve de nascimentos] (2018), é por esse motivo que são impostas restrições ao aborto. É tão importante para a classe capitalista controlar o corpo das mulheres que, como vimos, mesmo nos Estados Unidos, onde o aborto foi legalizado nos anos 1970, as tentativas de reverter essa decisão continuam até os dias de hoje.[18] Em outros países, como a Itália, por exemplo, uma brecha legal está concedendo aos médicos a possibilidade de alegar "objeção de consciência",

---

18 No dia 24 de junho de 2022, a Suprema Corte dos Estados Unidos suspendeu a decisão conhecida como "Roe *versus* Wade", que garantia o direito constitucional federal ao aborto e impedia que estados implementassem legislações restritivas. [N.E.]

fazendo com que muitas mulheres não consigam abortar nas localidades onde vivem.

Entretanto, o controle sobre o corpo das mulheres nunca foi uma questão puramente quantitativa. O Estado e o capital sempre tentaram determinar quem tem permissão para reproduzir e quem não tem. É por isso que temos simultaneamente restrições ao direito de abortar e criminalização da gravidez,[19] no caso de gestantes de "indivíduos problemáticos". Não por acaso, por exemplo, entre os anos 1970 e 1990, quando novas gerações de africanos, indianos e outros sujeitos descolonizados estavam chegando à idade política, exigindo a restituição da riqueza que os europeus haviam roubado de seus países, uma campanha ampla para conter o que

---

19 Esse é o termo utilizado por Lynn Paltrow, fundadora e diretora-executiva da National Advocates for Pregnant Women [Defensores nacionais das mulheres grávidas], e por Jeanne Flavin, em seu estudo descrevendo políticas introduzidas nos Estados Unidos para regular a gravidez, que afetam especialmente as mulheres negras indigentes (Paltrow & Flavin, 2013, p. 299-343). Na situação legal atual, escrevem elas, quando mulheres negras pobres decidem ter um filho, elas extrapolam os limites da Constituição, tornando-se vulneráveis a acusações que jamais seriam consideradas crimes sob circunstâncias diferentes. Ocorreram, por exemplo, a detenção e a prisão de mulheres por estarem em um acidente de carro quando grávidas e por usarem drogas legais que possivelmente afetariam o feto. Um ponto decisivo desse processo foi a condenação por homicídio e abuso infantil, pela Suprema Corte da Carolina do Sul, em 2003, de uma mulher que teve um parto interrompido, supostamente depois de ter usado drogas durante a gravidez. Depois dessa decisão, dezenas de mulheres foram acusadas de abuso infantil por terem usado drogas ilegais durante a gravidez, já que os fetos em muitos desses casos foram legalmente definidos como pessoas. Sobre esse assunto, ver também o site Feminist Research on Violence, disponível em: https://feministresearchonviolence.org.

foi definido como "explosão populacional" foi organizada em todo o antigo mundo colonial (Hartmann, 1995, p. 189-91), com a promoção da esterilização e de contraceptivos, como Depo-Provera, Norplant e DIU que, depois de implantados, não podiam ser controlados pelas mulheres.[20] Por meio da esterilização das mulheres no antigo mundo colonial, o capital internacional tentou conter uma luta mundial por reparações; da mesma forma que, nos Estados Unidos, sucessivos governos tentaram bloquear a luta de libertação negra por meio do encarceramento em massa de milhões de jovens negros — homens e mulheres.

Como qualquer outra forma de reprodução, a procriação também tem um claro caráter de classe e é racializada. São relativamente poucas as mulheres, no mundo como um todo, que podem hoje decidir se querem ter filhos e em quais condições. Como Dorothy Roberts demonstrou de forma bastante potente em *Killing the Black Body* [Matando o corpo negro] (2017), o desejo de procriar, quando parte de mulheres brancas e abastadas, é atualmente elevado à categoria de direito incondicional, a ser garantido a todo custo, enquanto as mulheres negras, para quem a segurança econômica é mais difícil, são excluídas e penalizadas se tiverem um filho. No entanto, a discriminação com que tantas mulheres negras, migrantes e proletárias se deparam no caminho rumo à maternidade não deve ser lida como sinal de que

---

20 Sobre esse assunto, ver novamente Hartmann (1995), especialmente o capítulo 3, "Contraceptive Controversies" [Controvérsias contraceptivas], e Connelly (2008).

o capitalismo não está mais interessado no crescimento demográfico. Como argumentei anteriormente, o capitalismo não pode prescindir de trabalhadores. A fábrica sem trabalhadores é uma farsa ideológica destinada a intimidar os trabalhadores e mantê-los submissos. Se a mão de obra fosse eliminada do processo de produção, o capitalismo provavelmente entraria em colapso. A expansão populacional é por si só um estímulo ao crescimento; assim, nenhum setor do capital pode ficar indiferente à decisão das mulheres de procriar ou não.

Esse argumento é apresentado de modo contundente no já citado *Birth Strike*, em que Jenny Brown analisa minuciosamente a relação da procriação com todos os aspectos da vida econômica e social, demonstrando de forma convincente que os políticos de hoje estão preocupados com o declínio mundial da taxa de natalidade, entendido por ela como uma greve silenciosa. Brown sugere que as mulheres devem tirar um proveito consciente dessa preocupação para negociar condições melhores de vida e de trabalho. Em outras palavras, ela sugere que utilizemos nossa capacidade de reprodução *como uma ferramenta de poder político* (Brown, 2018, p. 153).[21] Essa proposta é tentadora. É tentador imaginar as mulheres entrando abertamente em uma greve de nascimentos, declarando, por exemplo, que "não vamos mais colocar crianças neste mundo até que as condições que as esperam sejam drasticamente alte-

---

21 Sobre esse assunto, ver o capítulo 11, "Controlling the Means of Reproduction" [Controlar os meios de reprodução] (Brown, 2018, p. 143-60).

radas". Digo "abertamente" porque, como documenta Brown, já ocorre uma recusa ampla, embora silenciosa, da procriação. O declínio mundial da taxa de natalidade, que atingiu seu índice máximo em países como Itália e Alemanha desde o período posterior à Segunda Guerra Mundial, tem dado sinais dessa greve reprodutiva. A taxa de natalidade vem diminuindo há algum tempo também nos Estados Unidos. As mulheres têm hoje menos filhos porque isso significa menos trabalho doméstico, menos dependência de homens ou de um emprego, porque se recusam a ver a própria vida consumida pelas tarefas maternas ou porque não têm desejo de se reproduzir e, sobretudo nos Estados Unidos, porque não têm acesso a contraceptivos e ao aborto.[22] É difícil, entretanto, imaginar como se poderia organizar uma greve aberta. Muitas das crianças nascidas não são planejadas nem desejadas. Além disso, em muitos países, ter um filho, para uma mulher, é uma apólice de seguro para o futuro. Em países onde não há seguridade social nem sistema de aposentadoria, ter um filho pode ser a única possibilidade de sobrevivência e a única forma de uma mulher ter acesso à terra ou ganhar reconhecimento social. As crianças também podem ser fonte de alegria, muitas vezes a única riqueza que uma mulher tem. Nossa tarefa, portanto, não é dizer às mulheres que elas não devem ter filhos, mas assegurar que possam

---

22 Brown (2018, p. 144) argumenta que o difícil acesso ao controle de natalidade e ao aborto é a verdadeira razão para o fato de que, até recentemente, as mulheres nos Estados Unidos tinham uma taxa de fertilidade maior, acrescentando que, em 2011, 45% dos nascimentos no país eram imprevistos, no sentido de indesejados ou inoportunos.

decidir se querem tê-los e garantir que a maternidade não lhes custe a vida.

A maternidade confere às mulheres um poder social, provável razão para que, sob o pretexto de combater a infertilidade e dar a elas mais opções, os médicos se esforçam para reproduzir a vida fora do útero. Não é uma tarefa fácil. Apesar de tudo que já se falou sobre "bebês de proveta", a "ectogênese" continua sendo uma utopia médica. Mas a fertilização in vitro, a triagem genética e outras tecnologias reprodutivas estão abrindo caminho para a criação de úteros artificiais. Algumas feministas podem se mostrar a favor disso. Nos anos 1970, feministas como Shulamith Firestone esperavam celebrar o dia em que as mulheres seriam liberadas da procriação, o que ela considerava a causa de uma história de opressão.[23] Mas essa é uma posição perigosa. Se o capitalismo é um sistema social injusto e exploratório, é preocupante pensar que, no futuro, os organizadores do capitalismo podem vir a ser capazes de produzir o tipo de seres humanos de que necessitam. Não devemos subestimar esse perigo. Mesmo sem a edição genética, já somos mutantes, capazes, por exemplo, de viver nossa vida cotidiana conscien-

---

23 Em *A dialética do sexo* (1970, p. 206 [1976, p. 234]), Firestone defendeu a "libertação das mulheres da tirania de sua biologia reprodutora, através de todos os meios disponíveis" como um projeto a ser realizado em uma sociedade pós-revolução. Para uma discussão das preocupações feministas sobre ectogênese, ver Murphy (1995, p. 113-33). Murphy argumenta que a ectogênese é a prática médica que representa a ameaça mais direta aos direitos reprodutivos das mulheres e a que mais desvaloriza a contribuição das mulheres à reprodução. Ela também menciona o medo de que a construção de úteros artificiais possa levar a feminicídios (Murphy, 1995, p. 125).

tes de que eventos catastróficos estão ocorrendo ao nosso redor, incluindo a destruição de nosso entorno ecológico e a morte lenta das muitas pessoas que hoje vivem nas ruas, pelas quais passamos diariamente sem quase pensar nem sentir. O que nos ameaça não é apenas o fato de as máquinas estarem assumindo o controle, mas também o de estarmos ficando parecidos com elas. Portanto, não precisamos de mais indivíduos semelhantes a robôs produzidos por uma nova indústria de reprodução, desta vez localizada em laboratórios médicos.

Como a geração de feministas a que pertenço lutou para demonstrar, a maternidade não é um destino. Mas tampouco é algo a ser programaticamente evitado, como se fosse a causa da miséria e da exploração das mulheres. A capacidade de dar à luz e o fato de possuir um útero não são uma maldição – uma maldição da qual uma profissão médica (que nos esterilizou, nos lobotomizou, nos ridicularizou quando choramos de dor ao dar à luz) deve nos libertar. A maternidade tampouco é um ato de performance de gênero. Pelo contrário, ela deve ser entendida como decisão política, de afirmação de valor. Em uma sociedade autônoma e autogovernada, tais decisões seriam tomadas levando em consideração o nosso bem-estar coletivo, os recursos disponíveis e a preservação da riqueza natural. Também hoje, tais considerações não podem ser ignoradas, mas a decisão de ter um filho também deve ser vista como uma recusa a dar aos organizadores do capital a permissão de decidir quem pode viver e quem, ao contrário, deve morrer ou não pode sequer nascer.

SEGUNDA CONFERÊNCIA

A "POLÍTICA CORPORAL" NA REVOLTA FEMINISTA

No capítulo anterior, argumentei que o capitalismo, como um sistema baseado na exploração do trabalho humano, definiu as mulheres como corpos — isto é, como seres dominados por sua biologia —, na medida em que se apropriou de nossa capacidade reprodutiva e a pôs a serviço da reprodução da força de trabalho e do mercado de trabalho. Isso não quer dizer que, na história do capitalismo, as mulheres não tenham sido submetidas a outras formas de exploração. As mulheres escravizadas nas plantations estadunidenses trabalharam nos campos, cortaram cana-de-açúcar e colheram algodão. Sob as Leis Jim Crow, mulheres negras acorrentadas em grupo (*chain gangs*) construíram estradas. Na Inglaterra, na França e nos Estados Unidos, mulheres e crianças da classe trabalhadora foram a espinha dorsal da Revolução Industrial e, mesmo depois de serem excluídas das fábricas, elas sempre contribuíram para o orçamento familiar com algum trabalho em tempo parcial. Isso acontecia especialmente no caso de mulheres negras que nunca puderam contar com o salário regular de um homem. A questão, no entanto, é que, independentemente dos outros trabalhos que tivemos de desempenhar, *sempre se esperou, e muitas vezes se exi-*

giu, que oferecêssemos a procriação e o serviço sexual aos homens. Ainda que, sob a escravidão, a possibilidade da maternidade lhes fosse negada, as mulheres negras criaram os filhos de seus senhores, sofreram suas agressões sexuais e foram forçadas a procriar para a indústria de reprodução de escravizados, que se desenvolveu sobretudo depois da proibição do tráfico de escravizados, em 1807.

As mulheres sempre lutaram contra essa apropriação de seus corpos e a violência associada a ela. As mulheres escravizadas usaram seus conhecimentos sobre ervas contraceptivas para impedir a gravidez e até mataram seus filhos ao nascer para evitar que fossem escravizados. Correndo o risco de perder a vida e sofrer torturas terríveis, elas resistiram às agressões sexuais de seus senhores. Como diz Dorothy Roberts (2017, p. 45):

> Elas escaparam das plantações, fingiram estar doentes, sofreram punições severas [...]. Uma lembrança comum de ex-escravizadas era a visão de uma mulher [...] sendo espancada por desafiar as investidas sexuais de seu senhor [...]. Sem dúvida havia também muitos casos de mulheres escravizadas que envenenaram seus senhores em retaliação a assédios sexuais.

Não há nada — com exceção do encarceramento — que possa ser comparado à violência da escravidão. No entanto, a palavra vem à mente quando pensamos no desespero que muitas mulheres sentiram ao descobrir que estavam grávidas contra a própria vontade, o que muitas vezes lhes custou a vida. *A luta das mulheres para evitar a gravidez e evitar o sexo, dentro e fora do casamento, é uma das mais comuns e não reconhecidas da Terra.* Foi somente nos anos 1970 que as feministas começaram a se organizar, abertamente e em uma escala massiva, para lutar sob a bandeira da "política corporal" pelo controle de nossa sexualidade e pelo direito de decidir se queremos procriar. A política corporal expressava a percepção de que nossas experiências mais íntimas, supostamente "particulares", são na realidade assuntos altamente políticos e de grande importância para o Estado-nação, como demonstra a extensa legislação que os governos adotaram ao longo da história para regulamentá-los. A política corporal também reconheceu que nossa capacidade de produzir novas vidas nos sujeitou a formas de exploração muito mais extensas, invasivas e degradantes do que aquelas sofridas pelos homens, além de mais difíceis de confrontar. Enquanto os homens enfrentaram a exploração capitalista coletivamente e no ambiente do trabalho, as mulheres a enfrentaram individualmente, em suas relações com os homens, em casa, nos hospitais enquanto davam à luz, nas ruas e como alvo de insultos e agressões.

O feminismo foi uma revolta contra o fato de sermos definidas como "corpos", valorizadas apenas por nossa suposta prontidão para o sacrifício e para servir a outras pessoas. E foi uma revolta contra o pressuposto de que o melhor que podemos esperar da vida é sermos servas domésticas e sexuais dos homens e produtoras de trabalhadores e soldados para o Estado. Ao lutar pelo direito ao aborto e contra as formas bárbaras pelas quais a maioria de nós é forçada a dar à luz, contra o estupro dentro e fora da família, contra a objetificação sexual e o mito do orgasmo vaginal, começamos a desvendar as maneiras pelas quais nosso corpo foi moldado pela divisão capitalista do trabalho.[24]

Grande parte da política do movimento feminista se concentrou na luta pelo aborto, mas a revolta contra a norma feminina prescrita era mais profunda. Questionou-se e rejeitou-se não apenas o dever de se tornar mãe, mas a própria concepção de "feminilidade". *Foi o movimento feminista que desnaturalizou a feminilidade.* A crítica à construção normativa da condição de mulher começou muito antes de Judith Butler argumentar que o gênero é uma "performance". A crítica da heteronormatividade, do binarismo sexual e da "feminilidade" como um conceito biológico e, acima de tudo, a rejeição da "biologia como destino" precedem em muitos anos *Problemas de gênero* (1992 [2003]) e a produção teórica subsequente de Butler, bem como o desenvolvimento dos movimentos por direitos *queer*, intersexuais e trans. As feministas não só escreveram sobre o fim da "condição de mulher" como também agiram para torná-lo realidade. Simbolicamente, no dia de abertura do Congresso dos Estados Unidos, na capital Washington, em 15 de janeiro de 1968, feministas radicais lideradas por Shulamith Firestone organizaram uma procissão fúnebre iluminada por tochas, chamando-a de "O Enterro da Feminilidade Tradicional", "que faleceu", como diz o panfleto, "depois de três mil anos alimentando o ego dos fazedores de guerra e colaborando com a causa da guerra".[25] Elas tam-

---

24 Sobre o significado e a importância da política corporal, ver Morgan (1970) e Moraga e Anzaldúa (1981).

25 Para o discurso do ato, lido por Kathie Amatniek, ver "Funeral Oration for the Burial of Traditional Womanhood" [Discurso funerário

bém protestaram contra as feiras de noivas, denunciaram o dever e a compulsão de serem "belas" e chamaram a si mesmas de "bruxas".

As feministas rejeitaram a sexualidade repressora que se passava por libertação sexual. Elas também

> desencadearam um movimento de autoajuda que, à altura de 1975, tinha construído trinta clínicas controladas por mulheres nos Estados Unidos, educando as mulheres sobre o próprio corpo e colocando a saúde como questão central na política feminista dentro e fora do país. Foi graças a esse movimento que milhares de mulheres começaram a praticar o "autoexame".[26]

Dessa forma, o movimento de libertação das mulheres nos ajudou a superar a vergonha que sempre sentimos em relação a nosso corpo, especialmente nossos órgãos

---

para o enterro da feminilidade tradicional], Chicago Women's Liberation Union Herstory Project. Disponível em: https://www.cwluherstory.org/classic-feminist-writings-articles/funeral-oration-for-the-burial-of-traditional-womanhood. Para um relato mais completo, ver "Women's Liberation Movement Print Culture" [Cultura impressa do Movimento pela libertação das mulheres], Duke Special Collections Library. Disponível em: https://repository.duke.edu/dc/wlmpc.

26 Cito uma carta que me foi enviada em 21 de janeiro de 2015 por Carol Downer, uma das principais fundadoras do movimento de autoajuda, para corrigir minhas críticas à política do movimento feminista no que diz respeito à luta pelo aborto. Downer me lembrou de que, nos anos 1970, o feminismo não era um movimento centrado em uma questão única. Somente no final da década de 1970, com o desenvolvimento da estratégia "pró-escolha" sobre o próprio corpo, seu horizonte se estreitou, de maneira a se concentrar na defesa do direito ao aborto. Sobre esse assunto, ver também Boston Women's Health Book Collective (1976).

genitais, e nos ensinou a discutir questões antes consideradas tabus, como a menstruação e a menopausa. Foi por meio do movimento feminista que muitas mulheres da geração do pós-guerra foram expostas à "educação sexual" e passaram a compreender as implicações políticas da sexualidade em todas as suas dimensões. Nossas interações com os homens também foram postas sob escrutínio, revelando sua violência e sua insistência em nos infantilizar e nos degradar – nos chamando de "bebê", "gatinha", "vadia" e esperando contrapartidas sexuais para cada favor, como ao nos pagar um jantar em um encontro, por exemplo.

A demanda por contraceptivos seguros e a possibilidade de recusar uma gravidez não desejada foi nossa declaração de independência dos homens, do Estado e do capital, que durante séculos nos aterrorizaram com leis e práticas punitivas. Nossa luta, entretanto, mostrou que não podemos reivindicar nosso corpo sem mudar as condições materiais de nossa vida. O limite da luta pelo aborto foi o de não procurar permitir que todas as mulheres pudessem ter os filhos que desejassem. Isso foi um erro político, pois, nos Estados Unidos, muitas não tiveram o direito de ser mãe – durante a escravidão, pela lei, e posteriormente por falta de recursos e esterilizações forçadas. Milhares de mulheres e homens negros no país foram esterilizados nas décadas de 1920 e 1930, e durante muitos anos mais tarde, como parte de uma campanha eugenista que visava impedir a reprodução de "raças débeis", uma categoria que também incluía muitos imigrantes.

Durante a Depressão (1929-1939), as mulheres brancas da classe trabalhadora também foram esterilizadas quando eram consideradas "débeis", categoria que assistentes sociais e médicos usavam para rotular mulheres vistas como promíscuas e com probabilidade de terem filhos fora do casamento (Le Sueur, 1984). Na década de 1930, autoridades em todos os Estados Unidos deram as boas-vindas aos programas eugenistas que estavam sendo implementados pelo nazismo. Essas autoridades do governo viam a Alemanha nazista como a realização de seus próprios planos eugênicos, elogiando a esterilização como o caminho para uma sociedade melhor. O apoio a tais programas teria continuado, não fosse o fato de que, depois da entrada dos Estados Unidos na Segunda Guerra Mundial, o nazismo passou a ser malvisto (Nourse, 2008, p. 127-33). Contudo, embora o plano governamental de esterilizar todas as pessoas "inaptas" tenha sido oficialmente encerrado para os homens em 1947, a esterilização de mulheres continuou. Recentemente, nos anos 1960 e até mesmo nos anos 1970, muitas mulheres beneficiadas por programas de assistência social foram forçadas a se esterilizar para continuar a receber os recursos. O documentário *No Más Bebés* [Não mais bebês] (Renee Tajima-Pena, 2015) apresenta a situação de centenas de mulheres imigrantes que, entre os anos 1960 e início dos anos 1970, foram esterilizadas sem seu consentimento em um centro médico da Universidade do Sul da Califórnia (USC), no condado de Los Angeles. Muitas só descobriram o que tinha acontecido anos mais tarde, quando perceberam que não poderiam engravidar novamente.

Foi um erro, portanto, que o movimento feminista não tenha conectado a luta pelo aborto à luta para mudar as condições materiais da vida das mulheres e que, por exemplo, não tenha se mobilizado contra o ataque político instigado pelo governo no final da década de 1960 contra o Aid to Families with Dependent Children [Auxílio a famílias com crianças dependentes], programa de assistência social que desde os anos 1930 vinha permitindo que as mulheres sem emprego e sem marido recebessem dinheiro do Estado. A ausência do movimento feminista na luta pelos programas de bem-estar social foi especialmente problemática, porque o bem-estar social sempre foi racializado no discurso oficial, mesmo que a maioria das mulheres beneficiadas fosse branca. As mulheres negras, entretanto, eram mais visíveis porque eram mais combativas e organizadas, já que traziam a força do legado dos movimentos de direitos civis e *black power*. Foram as mulheres negras que lideraram a luta para expandir os recursos proporcionados pelo programa assistencial e para mudar sua imagem pública. Mas sua mensagem de que "toda mãe é uma mulher trabalhadora" e de que criar filhos é um serviço à sociedade deveria ter contemplado todas as mulheres.[27]

A luta das mães pelo bem-estar social, no entanto, nunca obteve o apoio necessário para evitar que o Estado fizesse uma guerra perversa contra o programa e contra as próprias mulheres, uma guerra que teve consequências desastrosas para a comunidade negra. Como escreve Dorothy Roberts (2017, p. 202-22), foi a guerra ao bem-estar social que criou a imagem da mãe negra solteira, "parasitariamente" dependente de programas

---

27 Sobre a luta das mulheres pelos programas de bem-estar social e a campanha institucional e midiática contra elas, ver Milwaukee County Welfare Rights Center (1972) e Ellen Reese (2005).

sociais, viciada em crack e que formava famílias disfuncionais, o que serviu para justificar a política de encarceramento em massa.

A incapacidade do movimento feminista em lutar para garantir que nenhuma mulher tivesse o direito de ter um filho negado por causa das condições materiais de sua vida e a representação feminista do aborto como "escolha" criaram divisões entre mulheres brancas e negras que não devemos repetir. Essa é uma das razões pelas quais muitas mulheres racializadas se distanciaram do feminismo e organizaram um movimento de justiça reprodutiva que enfatiza precisamente a necessidade de conectar a luta pela procriação com a luta pela justiça econômica.[28]

Vemos uma dinâmica semelhante se manifestar no movimento #MeToo [Eu também], pois, mais uma vez, muitas mulheres não reconhecem que a violência sexual é um problema estrutural, e não um abuso de poder por parte de homens perversos. Entendê-la como problema estrutural significa que as mulheres *são criadas para serem abusadas sexualmente pelas condições econômicas nas quais a maioria de nós é obrigada a viver.* Evidentemente, se as mulheres ganhassem salários mais altos, se as garçonetes não dependessem de gorjetas para

---

28 Conforme descreve o site do SisterSong (https://www.sistersong.net/reproductive-justice), o movimento de justiça reprodutiva surgiu em 1994, quando, em preparação para a Conferência Internacional sobre População e Desenvolvimento da ONU a ser realizada no Cairo naquele ano, um grupo de mulheres negras reunidas em Chicago decidiu que o movimento de direitos das mulheres não representava os interesses das mulheres racializadas e de outras pessoas marginalizadas.

pagar o aluguel, se os diretores e produtores de cinema não decidissem o futuro das jovens que recorrem a eles em busca de trabalho, se pudéssemos deixar relacionamentos abusivos ou empregos nos quais somos sexualmente assediadas – aí, sim, veríamos uma mudança. Mas essa não é a realidade da maioria das mulheres. Também é verdade que as mulheres permanecem em situações de abuso mesmo que não sejam economicamente dependentes, porque estamos acostumadas a medir nosso valor pelo modo como agradamos ou não aos homens. Não fomos treinadas para nos valorizarmos com base no que fazemos, nas nossas realizações. Isso faz parte de um longo processo de condicionamento que ainda exerce controle sobre nós. O movimento feminista foi um ponto de inflexão, pois mudou e valorizou o que significa ser mulher. Mas essa valorização não se traduziu em segurança econômica. Pelo contrário, nossa pobreza cresceu junto com nossa autonomia, e é por isso que hoje vemos mulheres trabalhando em dois ou três empregos e até mesmo como barrigas de aluguel.

Nesse contexto, a campanha de algumas feministas para proibir a prostituição, considerando-a uma atividade exclusivamente violenta e degradante, é autodestrutiva. Denunciar o trabalho sexual como especialmente degradante contribui para desvalorizar e culpar as mulheres que o praticam, sem oferecer a elas nenhuma ideia de alternativa realmente viável. Isso ofusca o fato de que, na ausência de meios adequados de subsistência, as mulheres sempre tiveram de vender o próprio corpo, e não apenas em prostíbulos e nas ruas. Nós vendemos nosso corpo no matrimônio. Nós nos vendemos no trabalho – seja para manter ou conseguir um emprego, seja para obter uma promoção, seja para não ser assediada por um supervisor. Nós nos vendemos em universidades e outras instituições culturais e, como vimos, na indústria cinematográfica. As mulheres também se dedicaram à prostituição para apoiar os maridos. Durante anos, na Virgínia Ocidental, nas áreas de mineração de carvão, existiu um sistema informal de prostituição em que a esposa pagava com o próprio corpo caso o marido tivesse algum problema com a empresa, para garantir que ele não fosse demitido, para continuar alimentando os filhos quando ele ficasse doente e não pudesse mais extrair carvão da mina ou para manter o crédito na loja da empresa quando as dívidas da família se acumulavam. Em todos esses casos, a esposa era convidada a experimentar sapatos expostos no departamento de calçados e, para isso, deveria subir até uma sala, onde encontrava uma cama. As mulheres mais velhas avisavam as recém-chegadas, diziam para não subirem, mas a necessidade sempre prevalecia (Kline & Kline, 2017; Kline, 2017a; 2017b).

Devemos também reconhecer que existem formas de obter renda mais degradantes do que a prostituição. Vender nosso cérebro pode ser mais perigoso e aviltante do que vender o acesso à nossa vagina. Exigir a criminalização da prostituição ou punições mais severas para os clientes vitimiza ainda mais as pessoas mais vulneráveis de nossas comunidades, além de dar às autoridades locais uma justificativa para a deportação de imigrantes. Isso não quer dizer que não devemos lutar para melhorar as condições do trabalho sexual e, acima de tudo, para construir uma sociedade onde não tenhamos que vender nosso corpo. Trabalhadoras do sexo estão lutando por isso no mundo inteiro.[29] Além disso, à medida que as mulheres ganham mais poder social, a experiência de ser uma trabalhadora do sexo e as condições do trabalho sexual mudam. As profissionais do sexo não são apenas brinquedos em mãos masculinas, vítimas de seus desejos sádicos, controladas por cafetões que lhes roubam os ganhos. Muitas são mulheres que utilizam o dinheiro do trabalho sexual para pagar a mensalidade escolar dos filhos, custear a moradia e se organizar com outras mulheres, formar cooperativas, estabelecer condições de trabalho e preços e proporcionar segurança e proteção umas às outras. O trabalho sexual é um meio de obter renda, pagar por gastos com educação ou saúde. Para muitas mulheres, trata-se de um trabalho em tempo parcial que complementa a renda do trabalho doméstico ou assalariado. O sexo digital, realizado pela internet como *webcamming*, pode ser inserido nos interstícios do trabalho doméstico. Assim, *sejamos abolicionistas, mas não apenas em relação ao trabalho sexual. Todas as formas de exploração devem ser abolidas, não só o trabalho sexual.* Insisto que nossa tarefa como feministas não é dizer a outras mulheres quais formas de exploração são acei-

---

29 Sobre este assunto, ver Mac e Smith (2018). Como elas escrevem em suas primeiras páginas: "As trabalhadoras do sexo estão em toda parte. Nós somos suas vizinhas. Passamos por vocês na rua. Nossos filhos estudam na mesma escola que os seus [...]. Este livro", dizem elas, "não é sobre gostar do trabalho sexual. Não se argumenta aqui que o trabalho sexual é uma forma de 'empoderamento' [...]. Não estamos interessadas em formar um movimento com homens que compram sexo [...]. Nossa preocupação é a segurança e a sobrevivência das pessoas que vendem sexo" (Mac & Smith, 2018, p. 2-3).

táveis, mas expandir nossas possibilidades, para que não sejamos obrigadas a nos vender de nenhuma forma. Fazemos isso reivindicando os meios de nossa reprodução — as terras, as águas, a produção de bens e conhecimentos — e nosso poder de decisão, nossa capacidade de decidir que tipo de vida queremos e que tipo de seres humanos queremos ser.

Isso também se aplica à questão da identidade de gênero. Não podemos mudar nossa identidade social sem uma luta para mudar as condições econômicas/sociais de nossa existência. As identidades sociais não são essências, fixas, congeladas, determinadas de uma vez por todas, nem realidades infundadas ou infinitamente mutáveis. E não são definidas puramente pelas normas que o sistema capitalista nos impõe. As identidades sociais, incluindo as identidades de gênero, são moldadas pela classe, pelas relações de gênero e pelas lutas das comunidades nas quais vivemos. O que ser "mulher" significa para mim, por exemplo, é muito diferente do que significava para minha mãe, porque muitas de nós lutamos para mudar nossa relação com o casamento, com o trabalho e com os homens.[30]

Devemos rejeitar a ideia de que nossas identidades sociais são definidas por completo pelo sistema capi-

---

30 Sobre a questão da "identidade" e da política de identidade, ver bell hooks, "A política da subjetividade negra radical" e "Negritude pós--moderna", em *Anseios* (hooks, 1990, p. 15-22, 23-32 [2019, p. 54-69, 70-85]). "Existe uma diferença radical", diz ela, "entre repudiar a ideia de que existe uma 'essência' negra e reconhecer a maneira pela qual a identidade negra foi especificamente constituída por meio da experiência do exílio e da luta" (hooks, 1990, p. 29 [2019, p. 81]).

talista. A história do movimento feminista é exemplar nesse contexto. O feminismo se mostrou em uma longa batalha contra normas, regras e códigos de comportamento que nos foram impostos, o que ao longo do tempo mudou significativamente o conceito de ser uma mulher. Como já enfatizei, as feministas foram as primeiras a subverter o mito de uma "feminilidade" eterna e natural. A libertação das mulheres foi um compromisso com a criação de uma identidade mais aberta e fluida para as mulheres, uma identidade que estaria constantemente aberta a redefinições e reconstruções. O movimento trans vem dando continuidade a um processo que está em marcha desde os anos 1970 e mesmo antes. O que Butler popularizou não é novidade. O marxismo e a maioria das filosofias do século XX — especialmente o existencialismo, que influenciou Butler — atacaram a ideia de um sujeito fixo e essencial. Nosso corpo é moldado por relações de classe, assim como por fatores étnicos e pelas decisões que tomamos durante a vida.

Assim, a luta para desestabilizar as identidades que nos são atribuídas não pode ser separada da luta para mudar as condições sociais/históricas de nossa vida e, acima de tudo, para fazer frente a hierarquias e desigualdades sociais. Espero que os movimentos trans e intersexual aprendam com as lições e os erros do passado para compreender que não podemos lutar pela autodeterminação sem mudar o modo como trabalhamos, como a riqueza que produzimos é utilizada e qual acesso temos a essa riqueza. Não é possível alcançar esses objetivos apenas com a mudança de nosso nome ou de nossa aparência corporal; esses objetivos exigem que juntemos forças com outras pessoas para reivindicar nosso poder coletivo, para decidir como queremos viver, que tipo de saúde e educação precisamos ter e que tipo de sociedade queremos criar.

Também é importante ressaltar que já vivemos em um mundo em transição, no qual significados e definições estão em fluxo, são ambíguos e disputados. Nenhum deles é mais ambíguo do que "mulher", uma identidade que está no centro de múltiplas agressões com prescrições normativas opostas. Enquanto persiste uma divisão desigual do trabalho com base no sexo, a entrada das mulheres em ocupações outrora consideradas masculinas e a crescente tecnologização do trabalho têm exigido um subdesenvolvimento dos traços femininos, uma fuga, por assim dizer, do corpo feminino, também visível nos novos modelos estéticos, que promovem uma aparência "de menino", o contrário do corpo formado por curvas que representava o ideal do desejo masculino até os anos 1960.[31] Em muitas ocupações, a conformidade com um modelo de gênero "feminino" já equivale a uma desvalorização de si, pois — passando pelo contexto acadêmico, por galerias de arte e laboratórios de computação — o capitalismo precisa de uma força de trabalho que não seja marcada pelo gênero.[32] Essa não é uma regra universal. Mas o que é certo é que estão desaparecendo rapidamente os setores pro-

---

31 Para uma análise potente dos novos modelos de beleza feminina, ver Susan Bordo (1993).

32 Em *Mothernism* [Mãedernismo], a artista dinamarquesa Lise Haller Baggesen fala de "sair do armário" como mãe, de se recusar a "barrar a maternidade na porta", em um mundo das artes no qual a mãe é vista como *persona non grata* (Baggesen, 2014, p. 142-3).

fissionais nos quais o modelo de feminilidade celebrado, por exemplo, nos anos 1950 ainda é procurado. Do ponto de vista do trabalho, já estamos vivendo em um mundo de gênero fluido, no qual se espera que sejamos ao mesmo tempo femininas e masculinas. Certamente o casamento, a maternidade e o trabalho doméstico — outrora práticas de identificação — já não são suficientes, mesmo do ponto de vista do capital. Espera-se que sejamos independentes, eficientes e trabalhemos fora de casa. Espera-se que sejamos cada vez mais parecidas com os homens.

Ao mesmo tempo, a presença das mulheres em quase todos os aspectos da vida social e política tem tido impacto na imagem pública do trabalho e na tomada de decisões institucionais. Ela serve para erotizar o trabalho e cria a ilusão de que o que fazemos é útil, construtivo. Ela humaniza políticas que, de outra maneira, são muito destrutivas. Mesmo a organização da guerra parece mais benigna quando quem chefia o exército é uma mulher. Como mulheres, somos particularmente vulneráveis a essa manipulação, já que não estamos acostumadas a ser valorizadas e a ter nosso trabalho reconhecido e recompensado. Em suma, tanto a identidade das trabalhadoras quanto a das mulheres, como sujeitos sociais/políticos, estão passando por uma mudança significativa que devemos levar em conta ao discutir "política identitária". Nas mãos do governo e de outras instituições, a "política identitária" é um problema, porque nos separa em diferentes grupos, cada um com um conjunto de direitos — direitos das mulheres, direitos dos gays, direitos dos povos indígenas, direitos das pessoas trans —, sem reconhecer o que nos impede de sermos tratadas com justiça. Devemos ser críticas em relação a qualquer conceito de identidade que não seja histórico e transformador, que não nos permita ver nossas formas de exploração diferentes e comuns. Mas precisamos considerar diferentes identidades sociais que estão enraizadas em formas específicas de exploração e são remodeladas por uma história de luta que continua em nosso tempo, pois reconhecer que nossas identidades nos remetem a uma história de exploração e luta nos permite encontrar um terreno comum e dar forma, coletivamente, a uma visão mais igualitária do futuro.

TERCEIRA CONFERÊNCIA

O CORPO NA CRISE REPRODUTIVA ATUAL

Mudar nosso corpo e recuperar o controle sobre nossa sexualidade e nossa capacidade reprodutiva significa mudar as condições materiais de nossa vida. A crise que estamos vivendo atualmente nos Estados Unidos, apesar do intenso ativismo feminista dos últimos cinquenta anos, demonstra até que ponto esse princípio deve guiar nossas atividades individuais e coletivas. É uma crise de muitas dimensões: sexual, procriativa, ecológica, médica, cognitiva — todas enraizadas em transformações econômicas e sociais que reduziram drasticamente o tempo e os recursos que temos à nossa disposição e aumentaram nossa ansiedade quanto ao futuro e à violência a que estamos expostos. O antigo sonho capitalista de prolongar a jornada de trabalho, reduzir os salários e maximizar o trabalho não remunerado acumulado é realizado plenamente hoje nos Estados Unidos. De fato, o que Marx (1990, p. 762 ss. [2017, p. 689 ss.]) descreveu como a "lei geral da acumulação capitalista" — o relativo empobrecimento dos trabalhadores, a constante criação de populações excedentes/descartáveis, a desprofissionalização da maioria dos empregos disponíveis, o excesso de trabalho e, ao mesmo tempo, um grande número de desempregados, obrigando os empregados "a pôr mais trabalho em movimento" (Marx, 1990, p. 793 [2017, p. 715]) – é a tendência que rege a vida econômica e social, assim como os problemas decorrentes da indigência em massa, da falta de moradia e do aprofundamento das desigualdades e da violência institucional.

De fato, a vida, para a maioria das pessoas, sobretudo para as mulheres, aproxima-se hoje da descrição hobbesiana do estado de natureza: ela é desagradável, brutal e breve. Os estadunidenses bem-sucedidos podem viver até os noventa anos hoje em dia, mas, para o restante das pessoas, a expectativa de vida está diminuindo, com suicídios e mortes por overdose em nível recorde.[33] Os suicídios estão crescendo em todos os segmentos da população, inclusive entre as mulheres. Mais de 47 mil suicídios foram registrados em 2017 nos Estados Unidos, e nunca saberemos quantas pessoas — entre as mais idosas — se deixaram morrer, sem registro, por terem passado a vida lutando contra a pobreza e o isolamento, de modo que continuar a existir não tinha mais sentido para elas. Tais mortes, somadas a outros milhares — causadas por overdose, violência armada, assassinatos pela polícia e doenças não tratadas —, formam um cenário preocupante que não podemos ignorar em nosso trabalho político.

---

33 Como reporta Shehab Khan, "os suicídios nos Estados Unidos atingiram um recorde, provocando um declínio na expectativa de vida". As mortes por overdose também subiram, ultrapassando 70 mil em 2017. De acordo com os Centros de Controle e Prevenção de Doenças, nos Estados Unidos até 700 mil pessoas morreram por overdose envolvendo opioides entre 1999 e 2017. Em média, 130 pessoas morrem de overdose a cada dia no país. Ver "U.S. Life Expectancy Falls as Suicide Rates Hit Peak" [Expectativa de vida decresce, e taxas de suicídio chegam aos níveis mais altos nos Estados Unidos], *Independent*, 30 nov. 2018.

Nesse contexto, gostaria de destacar os aspectos dessa crise que são particularmente relevantes para repensarmos a pauta feminista. Os primeiros são o excesso de trabalho, dívidas, a falta de segurança, a vida sob tensão e exaustão constantes, de maneira que estamos sempre pensando na próxima tarefa, o que resulta em problemas de saúde, depressão e, como vimos, em um aumento no número de suicídios.

As Nações Unidas e as organizações feministas liberais têm feito avaliações positivas e celebrativas dos importantes passos que as mulheres supostamente deram em direção à emancipação, mas a situação atual da maior parte da população feminina não poderia ser mais desanimadora. Sem dúvida, atualmente estamos muito menos vinculadas à família e aos homens do que no passado. A família tradicional não é mais a norma: o número de casamentos está mais baixo do que nunca, e a maioria das mulheres possui hoje um emprego assalariado ou mesmo dois, ainda que tenha filhos pequenos. Mas estamos pagando um preço alto pela relativa autonomia que conquistamos. Nada mudou no ambiente de trabalho. Como sabemos, a maioria dos empregos pressupõe um trabalhador livre de compromissos familiares, ou que haja alguém em casa cuidando das tarefas domésticas. No entanto, como 40% das mulheres são as únicas provedoras da família e as demais se relacionam com alguém que também tem emprego, o trabalho doméstico não desaparece quando trabalhamos fora de casa. Ele é feito à noite, nos fins de semana, em momentos que deveriam ser dedicados ao descanso e a outras atividades. Isso significa que, para muitas mulheres, a semana de trabalho tem, em média, de sessenta a noventa horas, como no auge da Revolução

Industrial, começando às seis da manhã e terminando às nove da noite. Há muitos relatos de mulheres que quase não têm tempo para si mesmas e vivem à beira de um colapso nervoso, constantemente preocupadas, constantemente apressadas, ansiosas ou culpadas, sobretudo por não terem tempo suficiente para ficar com as crianças, ou por terem problemas de saúde relacionados ao estresse, a começar pela depressão. Mesmo assim, a maioria das mulheres teve de reduzir a quantidade de trabalho doméstico que desempenha, o que significa que tarefas essenciais ficam sem atenção, já que nenhum serviço substituiu o trabalho antes feito por elas. Enquanto isso, programas que poderiam resolver esses problemas estão sofrendo cortes.

Esperava-se que a crise doméstica pudesse ser compensada pelas satisfações obtidas no emprego remunerado. Para a maioria das mulheres, porém, trabalhar fora de casa significa um aprisionamento a serviços que destroem mente e corpo — em que permanecem de pé o dia inteiro, em lojas, aeroportos e supermercados, muitas vezes sozinhas, esperando por clientes, vendendo mercadorias que jamais poderiam comprar com o salário que recebem, ou acorrentadas a uma tela de computador dentro de cubículos em escritórios sem janelas. Significa pagar pela creche e pelo transporte e depender de fast-food em uma época em que deveríamos estar vigilantes, dada a propagação de agrotóxicos e de produtos transgênicos e o crescimento da obesidade por toda parte, inclusive entre as crianças. A isso, soma-se o fato de que muitos empregos não oferecem licença médica nem licença-maternidade remuneradas, e as creches, em média, custam dez mil dólares por ano.

Isso não quer dizer que devemos recusar o trabalho fora de casa. Porém, precisamos reconhecer que não se pode alcançar a "escolha" e o controle sobre nosso corpo apenas reduzindo o número de filhos que temos ou conquistando o direito de não ter filhos e trabalhar por um salário. Trata-se de construir o poder de forçar o Estado a ceder os recursos de que precisamos para nossa família e nossa comunidade, para que não tenhamos que aceitar dois empregos, passar o tempo todo preocupadas com dinheiro ou desistir de nossos filhos entregando-os para serem criados por outras pessoas porque não temos como sustentá-los. "Sair de casa" e "lutar pela igualdade" não é suficiente. Devemos nos reapropriar dos recursos, trabalhar menos, recuperar o controle de nossa vida e assumir a responsabilidade pelo bem-estar de um mundo mais amplo do que o de nossa família.

Soma-se à pobreza econômica a pobreza de viver em um mundo no qual, para onde quer que nos voltemos, vemos sinais de morte. Os pássaros estão sumindo do céu, os rios estão se transformando em lixões químicos, não temos tempo para o amor, a amizade e a aprendizagem. O capitalismo nos fez perder de vista a magia da vida. Em uma reunião conheci uma mulher que trabalha como doula.[34] Trata-se de uma prática oriunda do movimento de justiça reprodutiva. É a ideia de que as mulheres que tenham histórico de maus-tratos por parte de profissionais médicos não devem ir ao hospital para dar à luz sozinhas, e sim acompanhadas de uma defensora.

---

[34] Sobre a importância do papel das doulas como defensoras das mulheres que dão à luz, ver Alana Apfel (2016).

É um passo para reconstituir a comunidade de mulheres que outrora esteve presente no momento do parto. Ao responder à pergunta "O que é magia?", essa doula disse: "Vá ver uma mulher dando à luz. Não há nada mais mágico: a maneira como os ritmos da mãe se alinham aos ritmos da criança é simplesmente mágica". Hoje, contudo, damos à luz como se estivéssemos em uma linha de montagem. Como Meg Fox (1989, p. 125-9) descreveu em seu artigo sobre o tempo subjetivo e objetivo no nascimento, hoje "o tempo do parto é contado". O trabalho de parto se tornou "mera produção". A ênfase está na eficiência, como em um estudo de produtividade laboral. Os nascimentos não são sentidos. As crianças são arrancadas de corpos que não sentem. O parto foi reduzido a um processo mecânico.

A natureza também é mágica. Um dia o solo está marrom; no dia seguinte, dele nascem flores de todas as cores. Ciência nenhuma explicou até hoje como essas cores ou as formas dessas flores são produzidas por esse mesmo solo. A magia é o mundo visto em toda a sua criatividade e em seu próprio movimento. Ela está ao nosso redor, mas não a reconhecemos mais. Perdemos a capacidade de nos relacionarmos com ela. A atração entre as pessoas também é mágica. Os intelectuais da Renascença falavam da "harmonia das esferas". Eles acreditavam que o universo se mantinha unido por uma força amorosa — semelhante, em seus efeitos, à força da gravidade. Eles acreditavam que o poder da "atração" mantinha tudo no devido lugar e que isso estava tão presente entre os seres humanos quanto entre as estrelas. Essa visão do universo como algo vivo, em que tudo está interconectado, dá poder à nossa luta. É um antídoto contra a visão cínica de que não vale a pena lutar para mudar o mundo porque "é tarde demais", "as coisas foram longe demais", e de que não devemos nos aproximar tanto uns dos outros, porque não podemos confiar nas pessoas e devemos pensar primeiro em nós mesmos.

Não faltam esforços para recuperar nossa relação com os outros e com a natureza. As mulheres, especialmente em comunidades indígenas, estão formando jardins urbanos, bancos de sementes, enterrando suas placentas na terra para lembrar os filhos de seus vínculos com o solo. Também nos Estados Unidos, em ambientes urbanos, as hortas, assim como os bancos de tempo[35] e outras formas de "bens comuns", outrora limitadas a grupos radicais, estão se espalhando. Estamos nos tornando conscientes de que, quando perdemos nossa relação com a terra, perdemos muito mais do que um recurso econômico. Como os indígenas das Américas sempre souberam, ao perdermos a terra, perdemos nosso conhecimento, nossa história, nossa cultura. Como reconheceu Marx (1988, p. 75-6 [2004, p. 84]), a natureza é nosso

---

35 Os bancos de tempo são um sistema de troca de serviços que não envolve dinheiro. Trata-se de uma troca de tempo por tempo, ou seja, as horas de um serviço prestado podem ser trocadas pelas horas de qualquer outro serviço. O usuário se cadastra no banco de tempo e sinaliza qual serviço pode oferecer. Para cada hora de trabalho realizado, ele receberá não dinheiro, mas uma hora em crédito, que poderá utilizar como quiser. Um exemplo: uma pessoa faz duas horas de serviço de jardinagem; ela será remunerada com um crédito de duas horas, que poderá trocar por qualquer serviço disponível no banco de tempo: aulas particulares, faxina, massagem, serviço de babá, consultoria jurídica, enfim, uma gama de possibilidades. Nos bancos de tempo, não há dívida nem empréstimo. [N.E.]

corpo inorgânico, uma extensão de nós mesmos. A morte da terra, portanto, é a nossa morte. Quando se derruba uma floresta, quando os mares são poluídos e milhares de baleias chegam boiando à costa, nós também morremos. Assim, existem hoje muitas organizações de mulheres trabalhando para recuperar formas mais antigas de conhecimento sobre ervas e plantas.

Há também uma consciência cada vez maior do sofrimento bárbaro infligido aos animais em quase todos os ramos da indústria. Os animais também estão sendo transformados em máquinas. Por todo o país há estábulos que se assemelham a instalações industriais ou, mais propriamente, a campos de concentração de animais, com luzes que são mantidas acesas dia e noite para que as galinhas produzam quantidades maiores de ovos. O mesmo acontece com as porcas. Milhões de animais são criados exclusivamente para serem comidos. Eles não são vistos como seres vivos, mas como máquinas produtoras de carne, projetados de tal forma que alguns jamais chegarão a ficar de pé antes de serem levados a um matadouro, porque a carne de seu corpo é mais pesada do que suas pernas conseguem suportar.[36] Não por acaso o câncer se tornou tão comum entre nós. Vivemos em uma terra envenenada e nos alimentamos de animais que são tor-

---

36 Uma denúncia potente e pungente das crueldades infligidas aos animais nas fazendas industriais, onde eles são criados aos milhares antes de serem levados ao matadouro, pode ser encontrada em Sunaura Taylor, que expõe o inferno no qual a indústria alimentícia está fundamentada e mostra como a degradação dos animais "contribuiu para uma violência indescritível contra os humanos" (Taylor, 2017, p. 107).

turados desde o nascimento, levando ao nosso próprio corpo todo o veneno que seu sofrimento produziu.

Como eu disse, estamos começando a desenvolver uma repulsa contra a crueldade nazista infligida a milhões de seres vivos em nome da satisfação de nossos desejos. A ascensão da Libertação Animal tem sido uma importante contribuição para a política revolucionária, assim como a revolução silenciosa que está ocorrendo entre muitos jovens no mundo inteiro que estão se tornando vegetarianos ou veganos, alguns talvez por preocupação com o próprio bem-estar, mas muitos por repulsa ao sofrimento que demanda a satisfação de nosso desejo por carne.

Ainda há muito a ser feito, no entanto. Apesar de tantos movimentos e lutas sociais e de tanta celebração dos direitos humanos, não temos conseguido enfrentar a principal crise que fundamenta a sociedade estadunidense — as consequências de séculos de escravidão e genocídio, que, como um oceano de sangue, afetam e distorcem tudo o que se faz neste continente. Como seria um movimento feminista que entendesse como crime social intolerável não só a luta contra o racismo, mas também contra as instituições que o geram, e alçasse o tema ao topo de sua pauta?

O racismo, em todas as suas formas, está tão profundamente enraizado na sociedade branca estadunidense e europeia que extirpá-lo exigirá um longo processo revolucionário. Mas um movimento feminista pode se mobilizar contra políticas e instituições que sustentam a discriminação racial e as novas formas de escravidão às quais estão sujeitos os negros e as comunidades latinas e imigrantes. Precisamos também de um movimento de luta pela abolição da pena de morte, bem como do sistema carcerário e do militarismo que permeiam todos os aspectos de nossa vida. Um dos objetivos do feminismo deve ser também a libertação dos milhares de mulheres encarceradas nos Estados Unidos — a maior porcentagem de mulheres prisioneiras entre todos os países do mundo, presas principalmente por "crimes de sobrevivência", como venda de sexo ou falsificação de cheques, e porque a gravidez, no caso das mulheres de baixa renda e das mulheres negras, tem sido cada vez mais criminalizada.

Precisamos de um movimento feminista que se mobilize em solidariedade com nossos filhos, cuja vida também é ameaçada todos os dias. Há, atualmente, certa preocupação com os tiroteios sem sentido que vitimam crianças de todas as idades em escolas e jardins de infância, mas isso ainda não é suficiente para mudar as políticas relacionadas ao controle de armas. Além disso, os abusos perpetrados por padres durante décadas em igrejas e sacristias estão recebendo alguma atenção. Porém, as feministas ainda precisam se mobilizar contra a violência rotineira exercida pelas instituições estatais sobre as crianças, muitas vezes sob o pretexto de protegê-las de seus pais, assim como ainda precisam se mobilizar contra a violência dentro de casa.

Se recusamos a violência que nos é dirigida, temos ainda mais razões para recusar a violência dirigida a nossos filhos. Precisamos valorizá-los e vê-los como companheiros, não como seres inferiores. As crianças ainda não interiorizaram as derrotas e as convenções que moldam nossas relações uns com os outros à medida que nos tornamos adultos. Elas percebem imediatamente o que é falso, artificial. Somente após anos de condicionamento aprendemos a nos esconder e simular. Dito isso, há muito que podemos aprender com elas.

Acabar com todas as formas de violência impostas às crianças é um assunto urgente, pois a infância está em estado de emergência. As escolas estadunidenses estão se tornando prisões, com detectores de metais e guardas à porta. Os programas criativos estão sendo eliminados dos currículos, pelo menos nas escolas públicas. E, no ambiente doméstico, há cada vez menos tempo para as crianças. Não devemos nos surpreender, então, se elas forem infelizes e rebeldes. Mas essa rebelião é descrita como doença mental e é medicada. É mais fácil e mais lucrativo fazer isso do que reconhecer as razões que levam ao descontentamento das crianças. Seria uma verdadeira revolução se, em vez de gastar um trilhão de dólares para renovar o sistema nuclear dos Estados Unidos, o governo gastasse um trilhão de dólares para garantir que as escolas estimulassem a criatividade de nossas crianças. Eis um bom projeto feminista e uma boa demanda feminista!

SOBRE CORPO, GÊNERO E PERFORMANCE

Pode o gênero ser considerado um produto da "performance"? Por motivos fáceis de entender, essa suposição é atualmente popular entre as feministas dos Estados Unidos. Descrever uma categoria de gênero — por exemplo, "mulher" — como produto da performance significa rejeitar séculos de restrições e regras impostas a nós pelo apelo a uma natureza mítica feminina. Ecoando a afirmação de Simone de Beauvoir (1989, p. 297 [2016, p. 11]) de que "ninguém nasce mulher: torna-se mulher", a teoria da performance parece levar adiante a insistência feminista dos anos 1970 no caráter socialmente construído da "feminilidade". Há, no entanto, diferenças que devem ser observadas, pois apontam os limites teóricos desse conceito. Seja assumindo que a definição normativa de "feminilidade" foi um produto do "patriarcado", seja entendendo que suas raízes se encontram na exploração capitalista do trabalho feminino, nossa crítica sempre investigou e deu nome às fontes da opressão contra as mulheres, enquanto procurávamos estratégias políticas que transformassem não apenas nossa vida, mas também a sociedade como um todo. Identificar, nomear, analisar a fonte das "normas" às quais se esperava que nos conformássemos também foi importante para demonstrar a natureza complexa da "construção de gênero". Foi importante demonstrar que nossa aceitação de regras e regulamentos institucionalmente prescritos significou sempre mais do que agir de acordo com a "norma", como a "performance" implica. Na maioria das vezes era uma submissão involuntária, acompanhada por um senso interno de injustiça e desejo de revolta, importante para constituir, conforme viríamos a descobrir, o significado que "mulher" passou a ter para nós.

"Performance" é um conceito útil. Mas seu campo de utilização é limitado e parcial. O conceito sugere a obediência passiva a uma lei, a representação de uma norma, um ato de consentimento. Ele implica que a identificação social como mulher se torna quase inevitavelmente uma ferida autoinfligida. E deixa de lado que o gênero é resultado de um longo processo disciplinador, que se mantém não simplesmente por meio da imposição de "normas", mas da organização e da divisão do trabalho, do estabelecimento de mercados de trabalho distintos e da organização da família, da sexualidade e do trabalho doméstico. Em cada um desses contextos, o que muitas vezes é chamado de "performance" seria definido, de forma mais apropriada, como coerção e exploração. Nós não "performamos" o gênero trabalhando como enfermeiras, trabalhadoras do sexo, garçonetes, mães ou cuidadoras. Descrever o modo como produzimos nossa feminilidade em tais ocupações como "performance" reduz significativamente nossa compreensão da dinâmica que está realmente em jogo, oculta a compulsão econômica implicada e o fato de que, sob uma aparência de conformidade, são alimentadas práticas de resistência e recusa que comprometem o que se esperava que a performance consolidasse. Isso não elimina o fato de que, ao realizarmos esses trabalhos, possamos nos identificar de tal forma com eles que toda a nossa personalidade venha a ser remodelada. Parafraseando o que diz Jean-Paul Sartre em sua análise da "má-fé", o público exige que essas trabalhadoras interpretem a feminilidade por meio de formas particulares de trabalho. De fato, muitas precauções são tomadas para aprisionar uma mulher no que se supõe que ela deveria ser, "como se vivêssemos no eterno temor de que [ela] escape, extravase e eluda sua condição" (Sartre, 1956, p. 102 [1997, p. 106]).[37]

Ainda assim, nós extravasamos. A ascensão do movimento de libertação das mulheres seria incompreensível se o conceito de "performance" fosse nossa principal diretriz, com suas implicações de recepção passiva e reprodução de padrões normativos. Surgido no final de uma das décadas mais repressoras da história estadunidense, do ponto de vista da formação e do disciplinamento do gênero, o movimento de libertação das mulheres teria sido um mistério se não levássemos em conta a profunda rebelião que se produzia sob as aparências de

---

37 Usando os exemplos de um garçom de cafeteria, de um dono de mercearia e de um comerciante, Sartre enfatiza que o modo como performam parece um jogo, uma cerimônia, mas muito séria, porque o público exige que eles se deem conta disso. Assim, "existe a dança do dono da mercearia, do alfaiate, do leiloeiro, pela qual se empenham em persuadir seus clientes de que não passam de dono de mercearia, leiloeiro, alfaiate [...]. Vemos quantas precauções são necessárias para aprisionar o homem no que é, como se vivêssemos no eterno temor de que escape, extravase e eluda sua condição" (Sartre, 1956, p. 102 [1997, p. 106]). Para Sartre, a "má-fé" entra em jogo quando esquecemos que não somos "a pessoa que temos que ser". Seu interesse, na verdade, é que reconheçamos nossa capacidade de transcender as identidades que somos compelidos a performar.

conformidade e – o que é igualmente importante – o fato de que essa rebelião não era uma rejeição do gênero em si, mas de uma definição específica, degradante, de feminilidade, condenada ao fim pelo movimento de mulheres, apesar de tantas tentativas institucionais de preservá-la.

Há dois pontos, então, que eu gostaria de destacar. Primeiro, a performance nos ajuda a desnaturalizar a "feminilidade". Ela amplia nossa compreensão do caráter socialmente construído das identidades e valores de gênero, mas não nos possibilita reconhecer que, para que ocorram mudanças sociais/de gênero, precisamos transformar não apenas nossa visão individual e coletiva de gênero, mas também as instituições por meio das quais as relações de gênero têm sido perpetuadas, a começar pela divisão sexual do trabalho e pelas hierarquias sociais construídas com base na desvalorização do trabalho reprodutivo. Em segundo lugar, a performance aplana o conteúdo da ação social, sugerindo que as únicas alternativas possíveis para nós são o consentimento ou o dissenso, subestimando assim a rebelião que se produz em muitos atos de consentimento – as muitas formas de sabotagem construídas sob nossa aparente concordância com o sistema, que, sob condições históricas particulares, podem se transformar em movimentos poderosos.

Essas considerações têm uma relação imediata com duas outras questões que também exercem um grande papel na política radical de hoje. A primeira diz respeito à "identidade" e à "política de identidade". Trata-se de uma questão que tem alimentado ataques às feministas há anos, gerando um coro de críticas que teriam sido mais apropriadamente dirigidas contra outros alvos. Como no caso da "performance", os elementos estruturais do sistema capitalista em que vivemos estão escondidos sob o conceito de "identidade", assim como o processo incessante de luta que os corrói.

Black [negro] é nitidamente uma identidade, como vemos em *black power* [poder negro], *black liberation* [libertação negra], *black is beautiful* [negro é lindo], mas o que o termo representa é uma história de exploração e luta. "Negro" certamente não é a identidade de um passaporte, de um registro em cartório, uma identidade que nos congela e nos põe contra a parede. Não é a identidade de que John Locke (1959, p. 458-9 [2014, p. 451-2]) falou em sua obra como constitutiva da pessoa, que, observou ele, postula a invariabilidade do eu e é o fundamento para a possibilidade de punição. *Trata-se de uma identidade coletiva, adquirida por meio de um processo de luta.* Isso quer dizer que as identidades sociais não são apenas cadeias nas quais um sistema hegemônico nos aprisiona, nem vestimentas que não podemos rasgar, virar de cabeça para baixo, descartar. Perceber as identidades sociais como unilateralmente construídas, ignorar a capacidade que temos de mudar nossa identidade social, transformar em distintivos de orgulho os rótulos destinados a nos vilipendiar é assumir a inevitabilidade da derrota, é enxergar o poder somente do lado do mestre.

O mesmo argumento pode ser aplicado a "mulheres" como identidade social.

Se "mulher" não é um conceito biológico, mas uma construção social, a pergunta que temos de fazer é: o que isso representa e quem são os atores envolvidos no processo de sua constituição? Quem tem o poder de definir o que "mulher" significa? E como o significado normativo desse termo é questionado pelas lutas que as mulheres estão levando adiante?

Para aquelas de nós que não aceitavam que nascer com um útero e ter a capacidade de procriar eram necessariamente uma condenação a uma vida de subordinação, a alternativa era buscar uma resposta na história, passada e presente, da exploração do trabalho humano. Assim, para nós, "mulheres" era, acima de tudo, a definição de um lugar privado, uma função particular na divisão capitalista do trabalho, mas também, ao mesmo tempo, um grito de guerra, pois lutar contra essa definição também mudava seu conteúdo.

Em outras palavras, "mulher" não é um termo estático, monolítico, e sim um termo que tem simultaneamente significados diferentes, até mesmo opostos, sempre mutáveis. Não é apenas uma performance, uma personificação de normas institucionais, mas também um terreno em disputa, constantemente questionado e redefinido.

Por fim, a teoria da performance gerou a ideia de que nossa constituição fisiológica é de pouca relevância para nossa experiência social. Do fato indiscutível de que apreendemos nossa biologia por meio de filtros culturais e de que a própria "biologia" é diretamente afetada por fatores socioculturais, deduz-se com demasiada frequência que a constituição material de nosso corpo é um assunto do qual é melhor não falar. A referência que faço aqui é menos à teoria da performance articulada, por exemplo, por Judith Butler, pelo menos em seus trabalhos mais recentes, do que à versão popular de sua obra que circula entre as feministas. Também quero evitar aqui possíveis mal-entendidos. Concordo com Donna Haraway que a "biologia é política", embora eu atribua um significado diferente a essa afirmação. Acredito que a biologia seja política porque tem sido usada de forma tão persistente e tão negativa contra nós que é quase impossível falar de "biologia" de forma neutra, sem receio de reforçar os preconceitos que existem. Ela também é política porque as decisões relativas aos fatores mais significativos na constituição e no desenvolvimento de nossa composição física foram tomadas em contextos institucionais (universidades, laboratórios médicos etc.) fora de nosso controle, motivadas por interesses político-econômicos, e porque sabemos que, embora nosso corpo seja produto de um longo processo evolutivo, ele foi, ainda assim, impactado por uma série de políticas que o modificaram constantemente, chegando até mesmo ao nível do DNA. Em outras palavras, o que chamamos de "corpo" e "natureza" tem uma história; eles não são um substrato bruto sobre o qual se possa anexar um significado cultural.

As políticas ambientais e nutricionais têm sido responsáveis por muitas das mutações sofridas pelo nosso corpo, como as que provavelmente estamos experimentando neste momento devido à nossa crescente exposição à radiação. De fato, não há nenhuma natureza imaculada e imutável falando através de nosso corpo e de nossas ações. Ao mesmo tempo, seria absurdo não considerar alguns aspectos-chave de nossa corporificação como socialmente significativos apenas por causa de sua "contaminação" por práticas sociais, históricas e culturais. O fato de só podermos apreender o mundo que inadequadamente chamamos de natureza, biologia, corpo, por um filtro de valores sociais, interesses e considerações políticas, e o fato de que a "natureza" e a "fisiologia" possuem uma história não implicam que devemos excluí-los de nosso discurso e que tudo de que podemos falar são realidades puramente produzidas pela cultura, que temos o poder de fazer e desfazer.

Quer possamos ou não, em algum tempo futuro, eliminar a morte da condição humana e, como as árvores, viver até que nossa estrutura física se desintegre, o fato é que a morte é atualmente nossa companheira inevitável, um fato significativo em nossa vida, independentemente de como a experimentamos e a vivemos culturalmente. Isso também vale para a possibilidade de dar à luz e para a maternidade, que, uma vez despojadas de seu caráter compulsório e das celebrações hipócritas a elas associadas, continuam a ser, para grande parte da população mundial, sobretudo para as mulheres, acontecimentos que definem a vida. Devo acrescentar que tenho uma grande simpatia pela relutância com que tantas mulheres enfrentam esse assunto, que continua a ser um terreno cheio de armadilhas. Mas abafar o tema da maternidade e ficar em silêncio por medo de incitar o poder dos defensores do direito à vida ou de reforçar concepções naturalizadoras da feminilidade, na verdade, impede o próprio processo que possibilita recuperar a criatividade dessas experiências.

Paradoxalmente, uma prova da importância da diferença na experiência de nossa constituição física vem de uma grande parte do movimento trans fortemente comprometida com uma visão construtivista das identidades de gênero, já que muitas pessoas trans passam por cirurgias e tratamentos médicos caros e perigosos a fim de transicionar para um gênero diferente.

Além disso, é decidindo não ignorar o aspecto material/fisiológico de nosso corpo que podemos questionar a concepção reducionista dominante do gênero e reconhecer a ampla gama de possibilidades que a "natureza" proporciona. Com base nisso, o movimento intersexual já mostrou que as pessoas intersexuais não são uma mera figura literária nem um fenômeno raro, pois um número considerável de crianças nasce com características sexuais indefinidas.[38] Isso significa que já estamos caminhando em direção ao reconhecimento de um terceiro gênero ou de mais gêneros para o que até agora era um segredo que ficava na sala de parto, rápida e cruelmente corrigido por médicos comprometidos com o dimorfismo sexual, e que começa a se tornar plenamente visível, como já foi em diferentes sociedades e culturas. Também nesse caso, entretanto, impedir que os bisturis dos médicos regulamentem os corpos intersexuais é apenas o início, já que, para superar o gênero como ferramenta disciplinar e meio de exploração, será necessário retomar o controle sobre nossa vida e nossa reprodução. Isso significa ir além do corpo, embora o corpo — como as mulheres da América Latina insistiram tantas vezes — continue a ser o principal território do encontro com o mundo e o principal objeto de nossa defesa.

---

38 Sobre esse assunto, ver *Sexing the Body* [Sexuar o corpo] (2000), livro clássico de Anne Fausto-Sterling.

RECONSTRUIR NOSSO CORPO, RECONSTRUIR O MUNDO?

A ideia de reconstruir nosso corpo é muito antiga, assim como nosso desejo de nos libertarmos de seus limites, por exemplo, adquirindo poderes de animais, como a capacidade de voar. De fato, ao longo da história, os seres humanos refizeram seus corpos e os dos outros por meio de marcas faciais, modificações cranianas, desenvolvimento da musculatura e tatuagens. Isso se deu em nome da identificação com um grupo, para projetar poder pessoal ou coletivo, para se embelezar.[39] Corpos também são textos sobre os quais regimes de poder escreveram suas prescrições. Como ponto de encontro com o mundo humano e não humano, o corpo tem sido nosso meio mais poderoso de autoexpressão, assim como o mais vulnerável a abusos. Assim, nosso corpo é testemunha das dores e das alegrias que experimentamos e das lutas que levamos adiante. Em nosso corpo é possível ler histórias de opressão e rebelião.

No entanto, jamais na história a possibilidade de mudar nosso corpo esteve tão próxima da realização e foi objeto de desejo tão intenso. Correndo em um parque pela manhã ou passando diante de uma academia à noite, tem-se a impressão de um movimento de massa

---

39 Sobre esse assunto, ver Polhemus (1978).

que suscita o tipo de paixão antes reservado às reuniões políticas. Todos os dias, multidões de pessoas lotam os parques, correndo em grupos, em duplas, individualmente, andando de bicicleta ou a pé; enquanto isso, as academias contribuem para a mudança da paisagem urbana com impressionantes exposições de instrumentos metálicos e corpos malhados, hoje cada vez mais repletos de tatuagens, que às vezes cobrem o corpo todo como se formassem uma nova pele. E essa é apenas uma parte — a parte de baixa tecnologia — das reconstruções. No nível da alta tecnologia, a sensação de que estamos entrando em uma nova era é ainda mais pronunciada. Com as novas técnicas, as mulheres podem ampliar sua idade reprodutiva e ter filhos depois da menopausa ou delegar a outras mulheres a tarefa de procriar "seus filhos". Através da edição de genes — ainda em fase experimental —, os médicos prometem eliminar já no nascimento todas as propensões corporais a doenças. E, com o implante de microchips, está surgindo um novo mundo de super-homens e supermulheres que balançam as mãos para destrancar carros, entrar em prédios e portar informações vitais codificadas no próprio corpo. Com poderes que outrora eram tema da mitologia,[40] há hoje cirurgiões que reconstroem o gênero, enquanto cientistas ainda mais ousados fantasiam sobre o dia em que as práticas

---

40 Refiro-me aqui ao mito narrado no *Simpósio* de Platão, que descreve como Apolo cinde, divide ao meio, seres primordiais que desafiam os deuses e, em seguida, tal como um cirurgião moderno, vira seus genitais do avesso, costurando-os aqui e ali, e fabrica seres humanos na forma que conhecemos, incompletos, sem sua parte amputada, a procurar perenemente a outra metade.

de reconstrução deixarão o corpo para trás, transcendendo-o, descartando-o, para realocar nossas mentes em circuitos eletrônicos menos perecíveis.[41] Enquanto isso, as cirurgias plásticas e cosméticas estão em alta, especialmente entre as mulheres. Milhões de narizes, lábios, seios e até mesmo lábios vaginais estão sendo remodelados, rugas são suavizadas em testas envelhecidas, e a tendência continua a crescer.[42]

O que isso nos diz sobre as transformações no modo como concebemos nosso corpo? E quais são as "políticas corporais" desse fenômeno?

---

41 Ver Finn Bowring (2003), especialmente o capítulo 11, "The Cyborg Solution" [A solução ciborgue].

42 A cirurgia estética facial é muito mais comum hoje do que nos anos 1990, e não apenas como um antídoto contra o envelhecimento; ver "Cosmetic Surgery Is on the Rise, New Data Reveal" [Novos dados revelam que a cirurgia plástica está em alta], *Medical News*, 17 mar. 2019. Embora as pessoas que procuram cirurgias plásticas sejam, em sua maioria, mulheres, o número de homens que as fazem também é considerado "significativo". Ver também "Is Facial Plastic Surgery Still Popular?" [A cirurgia plástica facial ainda é popular?], *Philly Voice*, 12 jul. 2018. De acordo com a Sociedade Americana de Cirurgiões Plásticos, a demanda pela modelagem corporal está em ascensão. Só nos Estados Unidos, 17,5 milhões de pessoas foram submetidas a cirurgias plásticas e cosméticas minimamente invasivas em 2018, com um gasto total de 16,5 bilhões de dólares; ver "New Statistics Reveal the Shape of Plastic Surgery" [Novas estatísticas revelam o perfil da cirurgia plástica], *Plastic Surgery*, 1º mar. 2018.

O QUE SIGNIFICA A ATUAL POPULARIDADE DAS PRÁTICAS DE RECONSTRUÇÃO DO CORPO?

É evidente que as práticas de reconstrução do corpo atendem às necessidades e desejos de muitas pessoas. Em um mundo onde a cada momento enfrentamos a concorrência e passamos constantemente por experiências de desvalorização, as práticas de reconstrução do corpo constituem uma importante forma de autovalorização. "Reconstruir" nosso corpo é também uma necessidade em um contexto no qual é possível contar cada vez menos com a família e o sistema de saúde para lidar com as crises que nosso corpo enfrenta. Cientes do custo social e monetário das doenças e do fato de que ninguém está disponível para nós — já que pais, amantes, amigos estão todos sobrecarregados, vivendo no limite de suas capacidades —, fazemos dieta, corremos, andamos de bicicleta, fazemos ginástica, meditamos. A responsabilidade é nossa se adoecermos, dizem. Os médicos não nos perguntam se moramos perto de um aterro sanitário ou se temos problemas financeiros, e sim quantas doses de bebida tomamos, quantos cigarros fumamos, quantos quilômetros corremos. A pressão social também é um fator relevante. Embora isso não seja estipulado em nenhuma convenção coletiva, permanecer saudável e ter boa aparência são hoje requisitos implícitos de trabalho e um ponto a nosso favor em uma entrevista de emprego ou em um encontro.

A necessidade, no entanto, é apenas um dos aspectos da atual loucura por práticas de reconstrução do corpo. O desejo é ainda mais importante.

Por mais complicados e caros que sejam, as cirurgias plásticas, os tratamentos farmacológicos e outras formas de reconstrução corporal podem oferecer uma solução mais promissora — para aqueles que podem bancá-las — do que esperar pelo desenvolvimento de uma sociedade igualitária na qual a aparência não tenha mais importância. Por outro lado, a política das práticas de reconstrução do corpo é, de várias maneiras, uma questão problemática. Além do perigo das más práticas e da especulação médicas, há também a preocupação de que as reconstruções corporais permaneçam soluções individuais e contribuam para o processo de estratificação e exclusão social, já que o "cuidado com o corpo" requer mais dinheiro, tempo e acesso a serviços e recursos do que a maioria tem condições de bancar, particularmente quando se trata de cirurgias. E há imagens chocantes. Enquanto os corpos de alguns estão se tornando mais adequados, mais perfeitos, cresce o número daqueles que quase não conseguem se mover devido ao excesso de peso, doenças e má nutrição. *Os corpos e os mundos estão se afastando cada vez mais.*

É nesse sentido que convém uma nova "política corporal", que nos ajude a conceber de que modo a gestão de nosso corpo e de suas práticas de reconstrução pode se encaixar em um processo mais amplo de emancipação social, para que nossas estratégias de sobrevivência não deem mais poder às forças sociais que estão levando muitos de nós à morte, e para que não conspirem por um tipo de bem-estar cujo preço e conteúdo nos distanciam de outras pessoas.

Entre as mulheres, há ainda o perigo de aceitar uma disciplina estética que rejeitamos nos anos 1970. No movimento feminista, recusamo-nos a ser divididas em "belas" e "feias" e a nos adequar ao último modelo de beleza imposto a nós, o qual muitas vezes buscávamos com dietas dolorosas à custa de nossa saúde.[43] Além disso, com a ascensão do feminismo, assim como com a ascensão do movimento *black power*, a beleza também foi redefinida. Considerávamo-nos bonitas porque éramos desafiadoras, porque, ao nos libertarmos das prescrições de uma sociedade misógina, explorávamos novas formas de ser, novas formas de rir, abraçar, usar os cabelos, cruzar as pernas, novas formas de estar com outras pessoas e fazer amor.

Tínhamos também uma desconfiança saudável da profissão médica, que atualmente traz para muitos a esperança de um renascimento.[44] Hoje, como há muitas médicas mulheres, o medo da medicina como instituição estatal possivelmente diminuiu. Com o desenvolvimento das biotecnologias, os médicos hoje em dia parecem até mesmo mágicos benevolentes que possuem as chaves não apenas do nosso bem-estar, mas também das metamorfoses capazes de revolucionar nossa vida. No entanto, embora tenhamos muitos médicos bem-intencionados e atenciosos, a medicina como instituição continua a ser-

---

43 Sobre esse assunto, ver o excelente livro de Susan Bordo, *Unbearable Weight* [Peso insustentável] (1993).

44 Revivi a intensidade e o poder dessa desconfiança em uma releitura recente de Barbara Ehrenreich e Deirdre English, *Witches, Midwives and Nurses* [Bruxas, parteiras e enfermeiras] (2010), que ilustra de maneira potente como a história da ascensão da profissão médica ocorreu, em todas as etapas, por meio da supressão das práticas de cura das mulheres, o que se concretizou com a perseguição a curandeiras, rotuladas como bruxas, e a remoção de parteiras das salas de parto, além de ter sido um instrumento para disciplinar socialmente as mulheres.

viço do poder e do mercado, e seria bom não esquecermos sua história como instrumento da incessante tentativa do capital de reformar nossa humanidade e minar nossa resistência à exploração. De fato, seria possível escrever toda uma história da medicina pelo ponto de vista de sua função disciplinar. Desde programas de esterilização massiva implementados a serviço da eugenia até a invenção da lobotomia, de eletrochoques e drogas psicoativas, a história da medicina tem demonstrado consistentemente uma vontade de controle social e determinação para reprogramar nosso corpo insubmisso, de modo a nos tornar mais dóceis e produtivos.

Por exemplo, houve médicos que travaram uma guerra contra pessoas intersexuais, lésbicas, gays e também contra as mulheres que se rebelaram contra a disciplina do trabalho doméstico. Nos anos 1950, pessoas negras de todas as idades e crianças classificadas como "retardadas" foram submetidas a experiências aterrorizantes, incluindo repetidas injeções de material radiativo em suas veias sem que fossem previamente consultadas.[45] Chama a atenção que nenhum dos médicos que conduziram tais experiências tenha sido repreendido ou sofrido consequências penais por seu comportamento — pelo contrário, alguns chegaram a construir carreiras brilhantes por meio de tais programas (Hornblum, Newman & Dober, 2013, p. 155, 176) —, enquanto em Nuremberg

---

45 Sobre esse tema, além de James H. Jones (1993), ver Hornblum, Newman e Dober (2013) e "The Plutonium Experiment" [O experimento com plutônio], *Albuquerque Tribune*, 15-17 nov. 1993.

cientistas nazistas foram condenados à morte por crimes similares.

Mesmo nos melhores casos, a medicina e a prática médica são campos minados que respondem mais às necessidades das companhias de seguros, das fontes de financiamento e da construção de carreira do que ao nosso bem-estar real, e prometem soluções que muitas vezes se voltam contra nós. Considere a campanha de terror ainda em curso organizada para nos alertar sobre genes defeituosos presentes em nosso DNA,[46] pronta a nos sobressaltar e nos mandar direto para o caixão. Essa campanha tem sido tão aterrorizante que as mulheres já foram convencidas a se submeter a mastectomias preventivas radicais, um procedimento traumático, de consequências desconhecidas, que provavelmente prejudicará sua saúde mais do que a evolução dos genes defeituosos que elas supostamente carregam. Enquanto isso, nossa água, nossos alimentos e nosso ar estão cada vez mais contaminados, e aumentam o estresse e até mesmo o desespero que sofremos diante do excesso de trabalho, da falta de esperança no futuro e da precarização de nossa existência. Alergias que as gerações anteriores nunca tinham experimentado atingiram proporções epidêmicas — tudo sem que a profissão médica

---

46 Em agosto de 2019, o Instituto Nacional do Câncer dos Estados Unidos tornou públicas certas diretrizes instando as mulheres que tiveram câncer de mama a fazer testes BRCA para avaliar o nível de risco de câncer de mama e de ovário, apesar das muitas evidências de que o câncer de mama é mais provavelmente causado por fatores ambientais, como as altas dosagens de pesticidas (para começo de conversa) presentes nos alimentos e na água que consumimos.

denuncie as causas bem compreendidas de nossas morbidades e se organize vigorosamente para exigir mudanças. As mulheres têm sido particularmente afetadas pela forma irresponsável como os médicos vêm abordando o cuidado com nosso corpo. Pense nas muitas pessoas que desenvolveram câncer devido a implantes de silicone aprovados por médicos que deveriam reconstituir seus seios; pense também na disseminação imprudente de contraceptivos como Depo-Provera e Norplant, que comprovadamente destroem a saúde da mulher, funcionando mais como instrumentos de controle social do que como meios de autodeterminação. Pense na proliferação de cesarianas desnecessárias, e estes são apenas alguns poucos exemplos.

O SONHO CARTESIANO DO CAPITAL

Além disso, como bem argumentou Finn Bowring em *Science, Seeds and Cyborgs* [Ciência, sementes e ciborgues] (2003), estamos entrando em uma nova fase, marcada pela criação de um ser humano "imaterial", liberto dos obstáculos impostos por uma estrutura biológica finita, construída ao longo de bilhões de anos. Em suma, a criação de uma humanidade desencarnada é agora abertamente defendida como um ideal social. Como Bowring, entre outros autores, aponta, esse novo empreendimento não está ocorrendo em um vazio. Desde os anos 1980, tem circulado na filosofia, na sociologia e até mesmo na teoria feminista uma série de concepções mecânicas do corpo como uma colcha de retalhos de mecanismos descentrados, passíveis de reorganização de acordo com nossa vontade e desejo. A necessária rejeição da dicotomia natureza/cultura gerou concepções da biologia como algo que pode ser rearranjado ou reconstruído e que afeta nossa compreensão das consequências da experimentação médica com nosso corpo. Assim, se a análise de Bowring estiver correta, a clonagem, a edição genômica e a transferência de genes estão na ordem do dia da reconstrução de seres humanos, depois de já terem sido aplicadas à criação de novas variedades de plantas e animais.[47] Uma das direções tomadas pela pesquisa científica se concentra na concepção de formas de nos emancipar dos limites impostos à nossa ação e compreensão pela própria biologia, aumentando, por exemplo, o poder do cérebro por meio de próteses eletrônicas que nos permitam pensar e ler mais rapidamente, armazenar mais memória e depender cada vez menos das condições físicas de nossa estrutura corpórea, como a necessidade periódica de dormir e comer.

Sem dúvida, apenas uma parte seleta da população se qualificaria para esse aprimoramento. Se a organização global da produção serve como indicativo, o acúmulo de capital ainda precisa de corpos quentes para explorar, incluindo os das crianças, por mais atrasados

---

47 Sobre a criação de animais com novas características por meio da transferência e injeção de DNA de outras espécies, ver Bowring (2003, p. 117-22).

que sejam, do ponto de vista do sonho do capital de um mundo de ciborgues. Mas modificar ou substituir nosso corpo antigo/finito por alternativas tecnológicas está se tornando uma necessidade contundente conforme os planejadores capitalistas (e também alguns de esquerda) olham para o espaço como uma nova fronteira de produção e à medida que são produzidas máquinas de programação que vêm superando rapidamente nossas capacidades de utilizá-las. Em suma, o sonho do doutor Frankenstein está de volta, não apenas como um robô em forma humana, mas também como um tipo de ser humano tecnologicamente aprimorado, algo que a implantação de microchips em nosso corpo já está preparando.

RECONSTRUIR NOSSO CORPO OU RECONSTRUIR A MEDICINA?

Independentemente do alcance e do ritmo das mudanças previstas, podemos estar certos de que os médicos protagonizarão esse processo e, portanto, devemos nos preocupar com o fato de que a pesquisa médica aparentemente direcionada a outros objetivos talvez venha a ser decisiva para um autoinduzido salto evolutivo na constituição de nossa realidade corpórea, um salto que provavelmente não será inspirado pelo desejo de melhorar nosso bem-estar. Como têm demonstrado a história da eugenia e as experiências brutais realizadas com pessoas negras e crianças, que atingiram o auge durante e após a Guerra Fria, a medicina dos Estados Unidos possui uma história sombria que deve nos deixar cautelosos quanto às suas promessas e ao poder que conferimos a ela com nosso consentimento.

Devemos, portanto, evitar fazer daqueles que exercem a profissão médica os criadores divinos de nosso corpo e, em vez disso, direcionar nosso ativismo para a elaboração de formas de exercer algum controle sobre nossos encontros com eles. Há muitos exemplos disso. Em meados do século XIX, desenvolveu-se nos Estados Unidos um Movimento de Saúde Popular (Popular Health Movement) que encorajava as pessoas a desenvolver seus próprios conhecimentos médicos, pois olhava para a medicina oficial com desconfiança, como um projeto de elite e antidemocrático.[48] Nos anos 1970, feministas de Chicago e de outras partes do país criaram clínicas clandestinas para a prática do aborto, caso este continuasse proibido. Mais tarde, na década de 1980, a Aids Coalition to Unleash Power [Coalizão da aids para liberar o poder] (Act Up), reagindo à falta de atenção do governo Reagan à crise causada pelo HIV, criou uma rede de médicos, pesquisadores, cuidadores, assim como de

---

48 Para uma ampla discussão sobre o Movimento de Saúde Popular e sua relação com o ativismo feminista, ver Ehrenreich e English (2010, p. 69-74). As autoras argumentam que "as mulheres foram a espinha dorsal" do movimento, cuja prática enfatizava o cuidado preventivo em vez do tratamento e uma democratização do conhecimento médico. Assim, surgiram "Sociedades Fisiológicas de Mulheres em toda parte", instruindo as mulheres quanto a "anatomia e higiene pessoal", com o pressuposto de que cada pessoa deveria ser sua própria médica (Ehrenreich & English, 2010, p. 69). Ver também Paul Starr (1982).

ativistas gays que estavam em busca de novos tratamentos, pressionando empresas farmacêuticas internacionais a baixar os preços de medicamentos capazes de salvar vidas e, ao mesmo tempo, mostrando ao mundo sua determinação e sua capacidade de cuidar dos irmãos gays. Tanto o movimento feminista de autoajuda quanto a Act Up tiveram uma poderosa influência sobre a medicina oficial, mais uma vez dando um exemplo do que o cuidado pode ser. Com o aumento das tecnologias médicas capazes de reconstruir nosso corpo, torna-se uma questão de grande urgência compreender quais efeitos elas terão sobre nossa saúde, quais vantagens nos trarão, até que ponto realmente precisamos delas ou se estamos sendo usados como cobaias. Poucas iniciativas desse tipo existem atualmente. A experiência da Act Up não foi replicada. Com exceção de uma rede crescente de projetos de saúde voltados às mulheres negras, a mobilização em torno dos cuidados com o corpo é organizada sobretudo de cima para baixo – como vemos em tantas marchas e maratonas para tratamento do câncer e do câncer de mama, por exemplo –, mobilizando-nos para fazer doações para várias instituições, mas sem nos ajudar a expandir nosso conhecimento sobre o que pode ser feito para prevenir a doença.

Em conclusão, nossa relação com a construção e a desconstrução de nosso corpo – no tratamento de doenças, na remodelação cosmética ou em reconstruções mais estruturais – depende de uma instituição que é guiada por princípios comerciais e governamentais. No entanto, existe a possibilidade de compartilhar conhecimentos médicos, preocupações e medos com outras pessoas em diferentes bairros e cidades, e de nos conectarmos com enfermeiras e médicos dispostos a trabalhar dentro das instituições. É preciso desenvolver essa possibilidade para que possamos construir uma compreensão coletiva do que está em jogo nas transformações às quais submetemos nosso corpo, bem como construir um poder coletivo para obter os cuidados médicos de que necessitamos. Certamente, tornarmo-nos partícipes de tomadas de decisão que afetam profundamente nossa vida — e defender tais decisões de critérios comerciais ou de experimentos com seres humanos — trará uma mudança mais profunda do que aquelas produzidas por qualquer reconstrução corporal.

BARRIGA DE ALUGUEL: DOM DA VIDA OU NEGAÇÃO DA MATERNIDADE?

A acusação de que o capitalismo transformou o corpo da mulher em máquina para a produção de força de trabalho tem sido um tema central da literatura feminista desde os anos 1970. No entanto, o advento da barriga de aluguel é um ponto de inflexão nesse processo, pois representa a gestação como um processo puramente mecânico, como um trabalho alienado, no qual a mulher contratada não deve ter nenhum envolvimento emocional. A barriga de aluguel também é uma nova virada do ponto de vista da comodificação da vida humana, pois significa a organização e a legitimação de um mercado de crianças e a definição da criança como propriedade que pode ser transferida, comprada e vendida. Essa, de fato, é a essência da "barriga de aluguel", uma prática hoje difundida em vários países, a começar pelos Estados Unidos, mas que continua coberta por uma nuvem de mistificação.

Como aponta a socióloga feminista italiana Daniela Danna em *Contract Children* [Encomendar filhos] (2015), o próprio conceito de *surrogacy* [associado, na língua inglesa, à gestação por substituição] é enganoso, pois sugere que a "mãe que pare" não é a verdadeira, mas apenas "uma ajudante, uma colaboradora", e o que ela faz é em nome da "mãe autêntica" – a provedora do óvulo que a barriga de aluguel então transforma em uma criança. A justificativa para o uso dessa terminologia vem das novas tecnologias reprodutivas – a fertilização in vitro e a transferência embrionária –, que geram a ilusão de que a proprietária do óvulo implantado tem direitos de propriedade sobre a criança, já que a gestante não tem uma relação genética com ela. Como diz Danna, trata-se de um argumento falacioso que só pode se sustentar por meio de uma concepção abstrata de propriedade, ignorando que a "mãe que pare" é aquela que cria e alimenta materialmente a criança, um processo que implica não apenas nove meses de gestação, mas uma transferência de material genético, uma vez que a criança é verdadeiramente feita de sua carne e de seus ossos (Danna, 2015, p. 68).

É graças a essa mistificação e ao desenvolvimento de uma máquina comercial e institucional de apoio, composta por seguradoras, médicos e advogados, que a prática da barriga de aluguel se expandiu muito nas últimas três décadas. Atualmente, a cada ano, milhares de crianças nascem dessa maneira, e "fazendas de bebês" foram abertas em alguns países, nas quais "mães de aluguel" são inseminadas e residem durante toda a gravidez. Na Índia, por exemplo, antes da proibição da barriga de aluguel transnacional em 2015, existiam três mil clínicas desse tipo (Vora, 2019), proporcionando a infraestrutura para uma indústria reprodutiva na qual a conversão do corpo da mulher em máquina de procriação era quase completa.

Os problemas, no entanto, permanecem. Na maioria dos países da União Europeia, a barriga de aluguel ainda é formalmente proibida ou está sujeita a limites e regulamentações. Nos Países Baixos, por exemplo, a mãe de aluguel tem algumas semanas depois do parto para decidir se quer se separar da criança. Mas, como aponta Danna, entre outros autores, as restrições vêm se deteriorando cada vez mais, e, longe de limitar a prática, a regulamentação está se tornando o caminho mais rápido para o seu reconhecimento legal.

Entre os princípios usados para contornar proibições existentes em casos sob disputa, ou para facilitar o reconhecimento legal de crianças adquiridas através de mães de aluguel do exterior, há a ideia de que a decisão deve ser tomada em nome do "interesse máximo da criança". Esse expediente, entretanto, visa contornar a lei e legitima as implicações classistas e racistas dessa prática, pois o interesse de casais brancos abastados é sempre priorizado na designação da criança.

Apela-se também para o caráter convincente dos "contratos" que obrigam as mães de aluguel a entregar a criança no momento do parto. A barriga de aluguel, de fato, é um excelente exemplo de como a lei tem exercido um papel crucial na manutenção da reforma neoliberal, já que se confere um estatuto sagrado aos contratos, dando pouca consideração às condições sob as quais eles foram firmados. No entanto, como ficou claro no famoso caso "Baby M" [Bebê M],[49] é difícil para uma mulher prever, no momento da assinatura do contrato, como pode vir a se sentir depois de experimentar, dia após dia, durante nove

---

49 "Baby M" foi o nome dado pelo tribunal e pela mídia à filha de Mary Beth Whitehead, uma mãe de aluguel de Nova Jersey que, ao dar à luz uma menina, em 27 de março de 1986, decidiu que não entregaria a criança ao casal que a encomendou. O processo judicial subsequente, que durou mais de um ano e terminou com a custódia da criança concedida ao casal, gerou um intenso debate num momento em que a prática não era regulamentada em nenhum estado do país.

meses, uma nova vida crescendo em seu útero. Além disso, a estipulação dos contratos não considera os efeitos gerados pela separação da criança. Aliás, os próprios contratos são cada vez mais complexos e restritivos. Eles não apenas obrigam a mãe de aluguel a abandonar o bebê após o nascimento como também exigem um controle rigoroso de sua vida diária durante o período de gravidez no que diz respeito a tratamento médico, comportamento sexual, ingestão de alimentos e assim por diante. Ademais, na construção de argumentos legitimadores, há uma teorização legal da existência de um *direito à parentalidade*, para o qual a barriga de aluguel se torna uma condição indispensável. Esse argumento já é utilizado, surpreendentemente, mesmo em círculos radicais, em nome de casais gays do sexo masculino, que, alega-se, devem contratar uma mãe substituta precisamente para realizar seus direitos de paternidade supostamente absolutos.

Em suma, todos os prognósticos apontam para a barriga de aluguel como a onda do futuro. Mas, conforme vai sendo normalizada, é crucial destacar as premissas classistas e racistas em que ela se baseia, assim como suas consequências destrutivas para as crianças geradas desse modo e para as mulheres. Uma das que mais preocupam é a presença de uma série de "crianças suspensas", cuja certificação legal nos país onde residem os pais "pretendidos" foi negada, por diversas razões, ou que nasceram com alguma deficiência e, por isso, foram rejeitadas tanto pela mãe de aluguel quanto pelo casal que a encomendou. Uma reportagem investigativa da Reuters também revelou que os pais adotivos, pelo menos nos Estados Unidos, podem se desfazer das crianças adotadas no exterior sem qualquer dificuldade e pela internet, através de uma prática chamada "devolução privada", que não tem nenhuma regulação.[50] Ainda mais preocupante é a evidência de que algumas crianças de mães de aluguel são encaminhadas para o mercado de órgãos, pois, uma vez que a transação tenha sido realizada, nenhuma supervisão institucional verifica o que acontece com as crianças comercializadas dessa forma, levadas, na maioria dos casos, para outras regiões, a milhares de quilômetros de distância do local de seu nascimento.

Também deve ser considerado o trauma que os recém-nascidos sofrem ao se separarem da "mãe que pare". Desde que a maternidade de aluguel foi introduzida, ainda não transcorreu tempo suficiente para que haja um volume adequado de histórias e casos. Sabemos, entretanto, que mãe e filho se conhecem muito antes do nascimento, que três meses depois da concepção o feto consegue reconhecer a voz da mãe e faz parte de seu corpo a ponto de, imediatamente depois de nascer, o bebê saber onde procurar por comida e cuidado (Merino, 2017). Aparentemente alguns bebês "não conseguem se acalmar se ficam longe da mãe biológica" e às vezes choram por meses (Danna, 2015, p. 63, 65). Ver a mãe entregar o filho recém-nascido a estra-

---

50 A reportagem da Reuters, que resumiu meses de investigação, descobriu que em média a cada semana era postado um novo anúncio de "devolução privada" de uma criança em um grupo do Yahoo. Por meio de uma transferência de tutela requerendo simplesmente uma procuração e um formulário baixado da internet, mesmo pessoas com antecedentes criminais conseguiam obter uma criança. Segundo estimativas do governo dos Estados Unidos, desde o final dos anos 1990, mais de vinte mil crianças adotadas podem ter sido abandonadas por seus pais. Ver "Americans Use the Internet to Abandon Children Adopted from Overseas" [Estadunidenses usam a internet para abandonar crianças adotadas de outros continentes], *Reuters*, 9 set. 2013.

nhos também pode ter um impacto traumático sobre seus outros filhos, que passam a temer o mesmo destino.

As mães de aluguel também sofrem nesse processo. Embora os casos de recusa de separação da criança sejam aparentemente raros, já houve mães que se posicionaram publicamente contra a entrega, e outras provavelmente o teriam feito, não fossem os cuidados tomados pelas agências organizadoras para afastar essa possibilidade. Por contrato, as mães de aluguel são instadas a não desenvolver nenhum sentimento pela criança que carregam, e são tomadas todas as medidas para limitar o contato entre elas e o recém-nascido. Há uma preferência por cesarianas, de modo que, quando a mãe acorda, a criança já se foi. Ela é também incentivada a reconhecer seu gesto como importante. Sua coragem e sua generosidade são louvadas, e sua separação da criança é retratada como o teste máximo de seu altruísmo. Ela também é constantemente lembrada de que não tem nenhuma relação de fato com a criança e de que sua gravidez é de um tipo diferente, no qual os verdadeiros agentes são os médicos e os provedores ou "doadores" do óvulo fertilizado (Danna, 2015, p. 135). Mesmo assim, para muitas mães de aluguel, a sensação de perda persiste. Isso ocorre especialmente no caso das mulheres que não tinham ideia dos tratamentos médicos intensos aos quais teriam que se submeter e dos riscos relacionados à sua saúde, ou daquelas que firmaram um contrato convencidas de que continuariam a ter um papel na vida futura da criança e que, ao darem um filho a um casal abastado, desenvolveriam laços que poderiam beneficiar outros membros de sua família (Vora, 2019).

Há mais fatores que tornam a barriga de aluguel o paradigma da concepção capitalista das relações sociais.

Enquanto os seus defensores a retratam como um gesto humanitário, um dom da vida que possibilita a casais que não podem ter filhos experimentar as alegrias da parentalidade, o fato é que são as mulheres das regiões mais pobres do mundo que geralmente assumem essa tarefa, e que a barriga de aluguel não existiria se não fosse pelas compensações monetárias que ela traz. Foi de maneira muito acertada, então, que Angela Davis, em "Surrogates and Outcast Mothers: Racism and Reproductive Politics in the Nineties" [Barrigas de aluguel e mães exiladas: racismo e políticas reprodutivas nos anos 1990] (1993), argumentou que há uma continuidade entre a barriga de aluguel e as práticas de procriação impostas nas plantations de escravizados estadunidenses. Em ambos os casos, mulheres pobres são levadas a renunciar a seus filhos, depois de dar à luz, em benefício dos ricos.

O profundo racismo inerente à prática de barriga de aluguel também é ressaltado por Dorothy Roberts, que, em seu clássico *Killing the Black Body*, mostra como todas as novas tecnologias reprodutivas "reforçam um padrão racista de procriação" (Roberts, 2017, p. 250-2). Ela ressalta, por exemplo, que a grande maioria das famílias que procuram mães de aluguel é branca, está obsessivamente preocupada com sua herança genética e pode pagar pelo processo. As famílias negras, ao contrário, tendem a não ter recursos para custear uma procriação de aluguel, nem a disposição de recorrer à profissão médica para resolver seus problemas, em vista de todos os abusos que possam ter sofrido nas mãos de hospitais e médicos. Elas também têm outra concepção de parentalidade, desenvolvida após uma longa história de escravidão e opressão, uma concepção na qual todos na comunidade são responsáveis pelas crianças e todos são irmãs e irmãos. De fato, a barriga de aluguel é sobretudo uma prática branca e um exemplo notável de como o direito à reprodução é severamente restrito e, mais uma vez, de como a tecnologia serve para aprofundar não apenas a especialização, mas também privilégios e diferenças de classe. Enquanto a medicina faz tudo que pode para garantir a casais inférteis e abastados a possibilidade de ter um filho, o mesmo direito é hoje negado não apenas a pessoas negras descendentes de africanos escravizados mas às muitas mulheres que as políticas econômicas internacionais empobreceram, que muitas vezes têm de migrar, deixar seus filhos para trás e trabalhar em países onde cuidam dos filhos de outras pessoas, ou são perseguidas por agências internacionais e seus representantes locais para tomar contraceptivos que elas não podem controlar (como Norplant e DIU), implantados em seu corpo para impossibilitá-las de procriar. O caráter classista e racista da barriga de aluguel fica particularmente evidente se a pusermos lado a lado com a atual "criminalização da gravidez" no caso de mulheres negras nos Estados Unidos, que, uma vez grávidas, estão expostas a tantas acusações que, segundo a advogada nacional de saúde Lynn Paltrow (2013), praticamente não se enquadram na Constituição.

No caso da barriga de aluguel, assim como no trabalho doméstico, assistimos ao surgimento de uma nova divisão sexual do trabalho, na qual a procriação — reduzida a um processo puramente mecânico e desprovida de todos os componentes afetivos — é terceirizada para mulheres de regiões do mundo antes colonizadas que, desde o final da década de 1970, têm sido submetidas a programas de austeridade brutal, levando ao empobrecimento e à espoliação em massa dos meios mais básicos de reprodução. Também nesse caso, para lembrarmos uma ideia frequentemente mencionada por Maria Mies (2014 [2022]), o "subdesenvolvimento" de uma parte do mundo é condição necessária para o "desenvolvimento" de outra parte. Mulheres que, no início dos anos 1980, teriam sido acusadas de superpovoar o mundo e praticamente forçadas a aceitar a esterilização são agora usadas para produzir crianças que não podem chamar de suas, tendo mais uma vez negado o próprio direito à maternidade, que é declarado inconstitucional — mas legalmente defendido no caso daquelas que dispõem de mais recursos econômicos. Há de fato uma diferença significativa entre a retórica usada para determinar o direito de pessoas abastadas à reprodução, ou usada por cientistas, laboratórios e médicos para garantir sua realização, e a retórica reservada à mãe de aluguel, a qual se espera, por meio de um contrato, que se exproprie de sentimentos, emoções e da própria solidariedade para com a criança que carrega, como se "ela" fosse algo puramente físico, um objeto, indigno de qualquer consideração.

De qualquer forma, a censura mais importante à barriga de aluguel, no entanto, é que ela é mais um passo em direção à suposição de que os seres humanos podem ser comprados e vendidos como qualquer outra mercadoria e que as crianças podem ser produzidas especificamente para esse fim. Não se trata de uma prática inédita. Lembramos aqui a observação de Marx a respeito dos efeitos da introdução da produção mecanizada no processo de trabalho, que incentivou os capitalistas a comprar crianças e jovens. Isso, observou Marx, também modificou a relação entre pais e filhos. "Antes, o trabalhador vendia sua própria força de trabalho, da qual dispunha como pessoa formalmente livre. Agora, ele vende mulher e filho. Torna-se mercador de escravos" (Marx, 1990, p. 519 [2017, p. 469]).

O mesmo pode ser dito das mulheres que assinam contratos de barriga de aluguel, a última encarnação de uma longa série de figuras proletárias que consideraram as crianças como meio de sobrevivência. Mas o que distingue a maternidade de aluguel é que vender uma criança para outra pessoa é algo para a vida inteira. É isso que diferencia a barriga de aluguel da prostituição, à qual é frequentemente comparada. Enquanto a prostituta vende a outros um serviço e o uso temporário de seu corpo, a barriga de aluguel dá a outros, em troca de dinheiro, o controle total sobre a vida de uma criança. Enfatizar esse fato, obviamente, não tem o objetivo de denunciar moralmente mulheres que praticam a barriga de aluguel, as quais muitas vezes são levadas para esse caminho por membros da família ou têm tão pouco acesso a recursos próprios que, como alternativa a uma luta constante pela sobrevivência, consideram alugar o próprio útero, da mesma forma que outras pessoas podem considerar vender um dos rins, os cabelos e o sangue. Algumas mães de aluguel, quando entrevistadas, descreveram os meses de gestação como as primeiras férias que tiveram na vida, um sinal que evidencia a pobreza enfrentada por muitas delas. É preciso, porém, desmascarar a imensa hipocrisia da retórica em torno dessa prática, que a apresenta como uma obra de amor, como pura expressão de altruísmo, um "dom da vida", ao mesmo tempo que apaga o fato de que são algumas das mulheres mais pobres do mundo que a realizam e que os beneficiários são casais abastados que, ao adquirirem os filhos, não desejam ter nenhuma relação com a mãe de aluguel.

Em vez de celebrar hipocritamente o dito "altruísmo" das mães de aluguel, deveríamos refletir sobre as terríveis condições de pobreza que levam uma mulher a aceitar carregar por nove meses uma criança da qual nunca terá permissão de cuidar e cujo destino ela está proibida de conhecer. Devemos também nos preocupar — assim como muitas feministas têm feito — com a subdivisão e a especialização da maternidade em gestacional, social, biológica, o que representa uma desvalorização desse processo — antes considerado um poder das mulheres —, uma restauração de uma concepção sexista, patriarcal, verdadeiramente aristotélica do corpo das mulheres e das próprias mulheres, que são retratadas, na retórica da barriga de aluguel, como portadoras passivas de uma vida para a qual não contribuem em nada, com a exceção de sua "matéria bruta".

Deveria a barriga de aluguel *não* ser legalizada? É necessário que haja mais discussões a respeito, pois a pergunta também nos faz refletir até que ponto podemos recorrer ao Estado para assegurar que nossa vida não seja violada. Segundo um argumento contrário, a legalização oferece às mães de aluguel alguma proteção, enquanto a criminalização da prática as exporia a um risco ainda maior, uma vez que a prática continuaria a existir, sem dúvida, clandestinamente. É também perigoso exigir do Estado qualquer regulamentação e intervenção punitiva, pois a história mostra que tais medidas são sempre utilizadas contra aquelas pessoas que já são vitimizadas. Como proteger, então, as crianças nascidas de transações de barriga de aluguel? Que iniciativas precisamos ter para evitar a generalização da compra e venda da vida de outras pessoas?

COM FILOSOFIA, PSICOLOGIA E TERROR: TRANSFORMANDO CORPOS EM FORÇA DE TRABALHO

No interior do sistema capitalista, todos os métodos para aumentar a força produtiva social do trabalho aplicam-se à custa do trabalhador individual; todos os meios para o desenvolvimento da produção se convertem em meios de dominação e exploração do produtor, mutilam o trabalhador, fazendo dele um ser parcial, degradam-no à condição de um apêndice da máquina, aniquilam o conteúdo de seu trabalho ao transformá-lo num suplício, alienam ao trabalhador as potências espirituais do processo de trabalho na mesma medida em que a tal processo se incorpora a ciência como potência autônoma, desfiguram as condições nas quais ele trabalha, submetem-no, durante o processo de trabalho, ao despotismo mais mesquinho e odioso, transformam seu tempo de vida em tempo de trabalho.

— Karl Marx, *O capital*, livro I

Não importa quanto proclame sua pseudotolerância, o sistema capitalista, em todas as suas formas, [...] continua a subjugar todos os desejos [...] à ditadura de sua organização totalitária, fundada na exploração, na propriedade, [...] no lucro, na produtividade [...]. Continuando incansavelmente seu trabalho sujo de suprimir, torturar e dividir nosso corpo a fim de inscrever suas leis na nossa carne [...]. Usando todas as vias de acesso disponíveis em nosso organismo, ele insinua suas raízes de morte nas profundezas de nossas entranhas.

— **Félix Guattari, "To End with the Massacre of the Body" [Para acabar com o massacre do corpo]**

É ao nível de cada tentativa que se avaliam a capacidade de resistência ou, ao contrário, a submissão a um controle.

— **Gilles Deleuze, *Conversações***

INTRODUÇÃO
POR QUE O CORPO?

Existem diversos motivos para falarmos sobre o corpo, embora haja vasta literatura sobre o assunto. Primeiro, há a velha verdade de que "no início está o corpo", com seus desejos, seus poderes, suas múltiplas formas de resistência à exploração. Como frequentemente é reconhecido, não há nenhuma mudança social, nenhuma inovação cultural ou política que não se expresse por meio do corpo, nenhuma prática econômica que não seja aplicada a ele (Turner, 1992). Em segundo lugar, o corpo está no centro tanto dos principais debates filosóficos de nosso tempo quanto de uma revolução cultural que, em alguns aspectos, dá continuidade ao projeto inaugurado pelos movimentos dos anos 1960 e 1970 que trouxeram a libertação dos instintos para a linha de frente do trabalho político. Mas a principal razão para falarmos do assunto é porque repensar de que modo o capitalismo transformou nosso corpo em força de trabalho nos ajuda a contextualizar a crise que o corpo está atravessando hoje e, simultaneamente, identificar uma busca por novos paradigmas antropológicos por trás de nossas patologias coletivas e individuais.

O meu referencial de análise difere tanto da metodologia marxista ortodoxa quanto das abordagens do corpo e dos regimes disciplinares propostas pelas teorias pós-estruturalistas e pós-modernas. Ao contrário das descrições marxistas ortodoxas da "formação do proletariado", minha análise não se limita a mudanças no corpo produzidas pela organização do processo de trabalho. Como observou Marx, a força de trabalho não tem uma existência independente; ela "existe apenas como disposição do indivíduo vivo", no corpo vivo (Marx, 1990, p. 274 [2017, p. 245]). Assim, não se pode forçar as pessoas a aceitar a disciplina do trabalho dependente apenas "expropriando os produtores de seus meios de subsistência" ou pela coação exercida por meio do chicote, da prisão e do laço. O capitalismo, desde a primeira fase de seu desenvolvimento até o presente, para forçar as pessoas a trabalhar a serviço dos outros, fosse o trabalho pago ou não, teve de reestruturar todo o processo de reprodução social, remodelando nossa relação não só com o trabalho mas também com nosso sentido de identidade, com o espaço e o tempo e com nossa vida social e sexual.

Não se pode conceber a produção de corpos voltados para o trabalho e de novos "regimes disciplinares", portanto, puramente como uma mudança na organização do trabalho ou como um efeito de "práticas discursivas", como propõem os teóricos pós-modernos. A "produção de discurso" não é uma atividade autogeradora e autossubsistente; é parte fundamental do planejamento econômico e político e das resistências geradas por ele. De fato, poderíamos escrever uma história das disciplinas – das mudanças e inovações paradigmáticas – do ponto de vista das lutas que motivaram seu caminho.

Conceber nosso corpo como principalmente discursivo também ignora que o corpo humano tem poderes, necessidades, desejos que se desenvolveram no curso de um longo processo de coevolução com nosso ambiente natural e que não são facilmente suprimidos. Como escrevi em outro texto, essa estrutura de necessidades e desejos acumulados, que há milhares de anos vem sendo a condição prévia da nossa reprodução social, estabeleceu um limite poderoso para a exploração do trabalho – razão pela qual o capitalismo, desde sua fase inicial de desenvolvimento, tem lutado para domesticar nosso corpo, tornando-o um significante de tudo o que é material, corpóreo, finito e oposto à "razão".

O CORPO NO CAPITALISMO: DO CORPO MÁGICO À MÁQUINA DO CORPO

Em *Calibã e a bruxa* (2004 [2023]), argumentei que a "batalha histórica" que o capitalismo travou contra o corpo surgiu a partir de uma nova perspectiva política que situou o trabalho como a principal fonte de acumulação, concebendo assim o corpo como *a condição de existência da força de trabalho* e principal elemento de resistência à sua utilização. Daí o surgimento da "biopolítica", pensada, no entanto, não como "gestão genérica da vida", mas como um processo que historicamente tem exigido constantes inovações sociais e tecnológicas e a destruição de todas as formas de vida não compatíveis com a organização capitalista do trabalho.

Identifiquei, nesse contexto, o ataque à magia nos séculos XVI e XVII e a emergência contemporânea da filosofia mecanicista como momentos fundamentais da produção de um novo conceito de corpo e do surgimento de uma nova colaboração entre a filosofia e o terror de Estado. Ambos contribuíram, embora com instrumentos diferentes e em registros diferentes, para produzir um novo paradigma conceitual e disciplinar, concebendo um corpo desprovido de poderes autônomos, fixo no espaço e no tempo, capaz de formas de comportamento uniformes, regulares e controláveis.

No século XVI, já estava em operação uma máquina disciplinar que buscava incessantemente a criação de um indivíduo apto para o trabalho abstrato, mas que precisava constantemente se remodelar de acordo com as mudanças na organização do trabalho, as formas dominantes de tecnologia e a resistência dos trabalhadores à subjugação.

Ao nos concentrarmos nessa resistência, podemos ver que, no século XVI, o modelo que inspirava a mecanização do corpo era o de uma máquina dirigida a partir do exterior, como a bomba-d'água ou a alavanca, enquanto, no século XVIII, o corpo já estava modelado de acordo com um tipo mais orgânico de máquina, com movimento próprio. Com a emergência do vitalismo e da teoria dos "instintos" (Barnes & Shapin, 1979, p. 34), temos uma nova concepção de corporeidade que permite um tipo diferente de disciplina, menos condicionada pelo chicote e mais dependente do funcionamento de dinamismos internos, possivelmente um sinal da crescente internalização, pela força de trabalho, das exigências disciplinares do processo laboral, provenientes da consolidação do trabalho assalariado.

Mas o principal salto da filosofia política do Iluminismo no arsenal de ferramentas necessárias para a transformação do corpo em força de trabalho foi a elaboração de uma justificativa científica para a disciplina laboral e para a eliminação daqueles que apresentavam comportamentos desviantes. Tomando o lugar do apelo à bruxaria e do culto ao diabo, no século XVIII a biologia e a fisiologia foram recrutadas para justificar as hierarquias raciais e de gênero e a criação de diferentes regimes disciplinares, de acordo com o desenvolvimento da divisão sexual e internacional do trabalho. Grande parte do projeto intelectual do Iluminismo girou em torno desse processo, seja pela invenção da raça e do sexo (Schiebinger, 2004, p. 143-83; Bernasconi, 2011), seja pela produção de novas teorias econômicas que concebiam o dinheiro como um estímulo para o trabalho em vez de um registro de riquezas passadas (Caffentzis, 2000). De fato, só podemos compreender a cultura e a política do Iluminismo — seus debates entre monogenistas e poligenistas,[51] sua reconstrução da fisiologia masculina/feminina como incomensuravelmente diferente (Laqueur, 1990, p. 4-6 [2001, p. 16-8]), seus estudos craniológicos que "demonstravam cientificamente" a superioridade dos cérebros brancos e masculinos (Stocking Jr., 1988) — se conectarmos esses fenômenos à naturalização das diferentes formas de exploração, sobretudo aquelas excluídas dos parâmetros das relações salariais.

É tentador, nesse contexto, atribuir também a emergência de um tipo mais orgânico de mecanismo, visível no século XVIII no campo filosófico e científico, à crescente bifurcação da força de trabalho e à formação de um proletariado masculino branco, ainda não autocon-

---

51 Para os monogenistas, todas as etnias humanas descendem de um único ancestral. Para os poligenistas, porém, cada grupo humano descenderia de uma espécie distinta. O poligenismo se tornou obsoleto com o advento da teoria da evolução de Darwin. [N.E.]

trolado, mas que, como Peter Linebaugh demonstrou em *The London Hanged* [Os enforcados de Londres] (1992), passou a aceitar cada vez mais a disciplina do trabalho assalariado. Em outras palavras, é tentador imaginar que o desenvolvimento da teoria do magnetismo na biologia, da teoria dos instintos na filosofia e na economia política (por exemplo, o "instinto de comércio"), bem como o papel da eletricidade e da gravidade na física ou na filosofia natural – tudo isso pressupondo um modelo de corpo mais mental e autopropulsor – refletem a crescente divisão do trabalho e, consequentemente, a crescente diferenciação na forma como os corpos foram transformados em força de trabalho. Essa é uma hipótese que precisa ser mais investigada. O que é certo é que, com o Iluminismo, dá-se um novo passo na assimilação do ser humano e da máquina, com visões reconstruídas da biologia humana fornecendo a base de novas concepções mecânicas do humano/natureza.

A PSICOLOGIA E A TRANSFORMAÇÃO DOS CORPOS EM FORÇA DE TRABALHO NA ERA INDUSTRIAL

Coube à psicologia, na última parte do século XIX, aperfeiçoar a construção do "homem-máquina", substituindo a filosofia nesse papel estratégico. Devido a seu interesse nas leis psicofísicas e sua crença em regularidades causais, a psicologia se tornou serva do taylorismo, encarregada de conter os danos causados à psique dos trabalhadores por esse sistema e estabelecer conexões apropriadas entre seres humanos e máquinas. O envolvimento da psicologia na vida industrial aumentou depois da Primeira Guerra Mundial, que criou uma massa de sujeitos experimentais uniformes e obedientes à investigação clínica, de maneira a proporcionar um formidável laboratório para o estudo de "atitudes" e meios apropriados de controle (Brown, 1954; Rozzi, 1975, p. 16-7). Inicialmente interessada nos efeitos do trabalho muscular sobre o corpo, mas logo chamada a enfrentar o absenteísmo dos trabalhadores e outras formas de resistência à disciplina industrial, bem como sua resistência a seus próprios métodos e técnicas, a psicologia logo se tornou a disciplina mais diretamente encarregada de controlar a força de trabalho. Mais do que os médicos e sociólogos, os psicólogos vêm intervindo na seleção dos trabalhadores, realizando milhares de entrevistas, administrando milhares de testes, para escolher "o melhor homem para o trabalho", detectar frustrações e decidir promoções (Rozzi, 1975, p. 19).

Atribuindo patologias inerentes à organização industrial do trabalho a uma realidade instintiva preexistente (necessidades, motivações, atitudes) e dando um verniz de cientificidade às alianças políticas apenas ditadas pela busca do lucro, os psicólogos, desde os anos 1930, têm estado presentes no chão de fábrica, às vezes como funcionários permanentes, intervindo diretamente no conflito trabalhista italiano. Como Renato Rozzi assinalou em *Psicologi e operai* [Psicólogos e operários] (1975), essa intervenção na luta foi crucial para o próprio desenvolvimento da psicologia como disciplina. A necessidade de controlar os trabalhadores forçou os psicólogos a contar com sua "subjetividade" e a ajustar suas próprias teorias aos efeitos da resistência dos trabalhadores. A luta pela redução da jornada de trabalho, por exemplo, gerou uma onda de estudos médicos sobre o problema da fadiga muscular, tornando-o, pela primeira vez, um conceito científico (Rozzi, 1975, p. 158).

No entanto, a psicologia industrial continuou a pôr os trabalhadores em uma rede de restrições – o discurso dos impulsos, das atitudes, das disposições instintivas –, alicerçada na mistificação sistemática das origens das "patologias" dos trabalhadores e na normalização do trabalho alienado. De fato, a tarefa do psicólogo tem sido negar a realidade cotidiana dos trabalhadores, tanto que a maioria dos estudos psicológicos desse período não tem nenhum valor, como aponta Rozzi, a não ser do ponto de vista histórico ou genealógico. É impossível, por exemplo, levar a sério teorias como a da "propensão a acidentes" (Brown, p. 257-9), utilizadas rotineiramente nos anos 1950 para explicar a frequência de acidentes no local de trabalho nos Estados Unidos e afirmar a inutilidade das melhorias no ambiente laboral.

A psicologia também foi essencial para a remodelação da reprodução social, particularmente por meio da racionalização da sexualidade. A atenção dedicada à construção freudiana de uma concepção de feminilidade baseada na biologia e sua relação com a crise, na virada do século, da família de classe média (que Freud acreditava estar enraizada na excessiva repressão sexual das mulheres) ofuscou a contribuição da psicologia, no mesmo período, para a disciplinarização da sexualidade da classe trabalhadora, especialmente a sexualidade das mulheres. A teoria de Cesare Lombroso sobre a prostituta como "criminosa nata" (Lombroso & Ferrero, 2004, p. 182-92) é exemplar, tendo desencadeado toda uma produção de estudos antropométricos dizendo que qualquer mulher que desafiasse o papel feminino que lhe era atribuído representava um retrocesso para um estágio evolutivo inferior. A construção da "homossexualidade", da "inversão" e da masturbação como distúrbios mentais — ver, por exemplo, a *Psychopathia Sexualis* de Kraft-Ebbing (1894) — e a "descoberta" de Freud, em 1905, do "orgasmo vaginal" pertencem ao mesmo projeto. Essa tendência culminou com o advento do fordismo, cuja introdução histórica de um salário diário de cinco dólares garantiu ao trabalhador os serviços de uma esposa, vinculando seu direito à "satisfação" sexual diretamente ao recebimento de um salário, o que tornou o sexo uma parte essencial das tarefas da dona de casa. Não por acidente, durante a Grande Depressão (1929-1939), as mulheres proletárias que se encontravam desempregadas eram frequentemente sequestradas por assistentes sociais quando estes suspeitavam de "comportamento promíscuo" por parte delas, o que incluía, por exemplo, namorar um homem sem perspectiva de casamento, e posteriormente eram internadas em hospitais psiquiátricos, nas mãos de psicólogos encarregados de convencê-las a se submeter a uma ligadura de trompas se desejassem recuperar a liberdade. Nos anos 1950, as punições para as mulheres rebeldes se mostraram ainda mais severas. Foi quando ocorreu a descoberta da lobotomia, um tratamento considerado especialmente eficaz para as donas de casa depressivas e improdutivas que haviam perdido o gosto pelo trabalho doméstico.[52]

A psicologia também foi levada às colônias para propor teorias sobre a existência de uma personalidade africana, justificando a inferioridade dos africanos em relação aos trabalhadores europeus e, com base nisso, as diferenças salariais e a segregação racial. Na África do Sul, a partir dos anos 1930, os psicólogos foram fundamentais para a aplicação de rituais de degradação que, sob o pretexto de "testes de tolerância ao calor", preparavam os africanos para trabalhar em minas de ouro, dando início a uma situação de trabalho que os privou de quaisquer direitos (Butchart, p. 93-103).

---

52 A lobotomia foi um procedimento comum por mais de duas décadas. A maioria das operações ocorreu nos Estados Unidos, onde, na década de 1950, aproximadamente 40 mil pessoas foram lobotomizadas (a primeira lobotomia foi realizada em 1936). O ano de mais ocorrências foi 1949, quando mais de 5 mil procedimentos foram realizados. As lobotomias foram realizadas também na Grã-Bretanha e nos três países nórdicos: Finlândia, Noruega e Suécia. Os hospitais escandinavos lobotomizaram cerca de 2,5 vezes mais pessoas do que os hospitais nos Estados Unidos. A esmagadora maioria dos pacientes de lobotomia era de mulheres; ver Braslow (1999). Apesar da perda de espontaneidade e de desejos individuais das mulheres lobotomizadas, tanto médicos quanto maridos acreditavam que elas se beneficiavam muito das operações, considerando sua capacidade de cozinhar, limpar e fazer as tarefas domésticas como parte de sua recuperação.

DE VOLTA AO PRESENTE

O que aprendemos, hoje, com essa história complexa? Penso que podemos identificar nela algumas lições importantes. Em primeiro lugar, aprendemos que a disciplina laboral capitalista requer a mecanização do corpo, a destruição de sua autonomia e criatividade, e nenhuma abordagem de nossa vida psicológica e social deve ignorar essa realidade. Segundo, ao serem cúmplices da transformação de corpos em força de trabalho, os psicólogos violaram os próprios pressupostos da reivindicação de sua área ao estatuto de ciência, descartando aspectos fundamentais da realidade que se esperava que analisassem, como a repulsa dos trabalhadores ao regime que o trabalho industrial impõe sobre nosso corpo e nossa mente.

Ainda mais importante é como a história da transformação do corpo em força de trabalho revela a profundidade da crise que o capitalismo vem enfrentando desde os anos 1960. Trata-se de uma crise que a classe capitalista tentou conter com uma reorganização global do processo de trabalho, tendo conseguido apenas, porém, reforçar de maneira ainda mais explosiva as contradições que a causaram. Fica cada dia mais claro que os mecanismos que garantem a disciplina necessária para a produção de valor não funcionam mais. Nesse sentido, os movimentos dos anos 1960 e 1970 foram um ponto de inflexão, expressando uma revolta contra o trabalho industrial que estabeleceu todas as articulações da "fábrica social", da linha de montagem ao trabalho doméstico e às identidades de gênero funcionais para ambos. O *"blue-collar blues"*,[53] a demanda dos trabalhadores da indústria por "tempo livre" – em vez de aceitar receber mais dinheiro em troca de mais trabalho –, a recusa feminista da naturalização do trabalho reprodutivo e a ascensão do movimento gay, logo seguido pelo movimento transexual, são exemplos nesse contexto. São mudanças que expressam uma rejeição da redução das próprias atividades ao trabalho abstrato, uma recusa a renunciar à satisfação dos próprios desejos, a se relacionar com o próprio corpo como máquina, e também uma determinação *para definir nosso corpo de forma não dependente de nossa capacidade de funcionar como força de trabalho.*

A profundidade dessa recusa pode ser medida pelo conjunto de forças que foram empregadas contra ela. A economia mundial inteira foi reestruturada na tentativa de contê-la. Da precarização e flexibilização do trabalho ao desinvestimento do Estado no processo de reprodução social, uma série de políticas tem buscado não apenas derrotar essas lutas mas também criar uma nova disciplina baseada na ubiquidade e na hegemonia das relações capitalistas.

A institucionalização da *precariedade*, por exemplo, não só intensificou nossa angústia quanto à sobrevivência como também criou trabalhadores despersonalizados, adaptáveis, prontos para mudar de ocupação a qualquer momento (Berardi, 2009a; 2009b). Nossa perda de identidade e nossa impotência se intensificam ainda

---

53 Em tradução livre, "tristeza de colarinho azul", metáfora para o desafeiçoamento pelo trabalho. [N.T.]

mais com a informatização e a automação do trabalho, que promovem tipos de comportamento altamente mecânicos, militaristas e desumanizadores, nos quais a pessoa é reduzida a mero componente de um sistema mecânico mais amplo (Levidow & Robins, 1989). De fato, a abstração e a arregimentação do trabalho estão hoje totalmente implementadas, assim como nosso sentido de alienação e dessocialização. Os níveis de estresse que essa situação está produzindo em nossa vida podem ser medidos pela massificação de doenças mentais — pânico, ansiedade, medo, déficit de atenção — e pela escalada do consumo de drogas, do Prozac ao Viagra. Argumenta-se também que o sucesso dos reality shows é um produto desse sentimento psicológico de distanciamento de nossa própria vida. Isso porque o desejo de ver como os outros vivem e o que fazem e de nos compararmos a eles — o que, como Renata Salecl (2004 [2005]) demonstrou, impulsiona esse ramo da indústria — revela a sensação de que nossa vida está sendo perdida, ainda que tais programas tragam mais virtualidade, e não uma melhor ancoragem na realidade.

O medo e a angústia causados pela incerteza da sobrevivência são apenas um aspecto do terror que hoje é estrategicamente empregado para sufocar a revolta contra a máquina de trabalho global. Igualmente relevante é a militarização da vida cotidiana, agora uma tendência internacional. Isso começa com a política de encarceramento em massa adotada nos anos 1990 nos Estados Unidos, que pode ser entendida como uma guerra travada especialmente contra a juventude negra, e com a proliferação de centros de detenção de imigrantes em toda a União Europeia. Também testemunhamos uma escalada na severidade das punições: a condenação obrigatória, as leis de reincidência, o uso de pistolas de choque e as celas solitárias, além do aumento do número de mulheres e crianças presas (Williams, 2006, p. 205; Solinger *et al.*, 2010; Danner, 2012). A tortura é hoje praticada rotineiramente não apenas na "guerra ao terror" mas também nas prisões dos Estados Unidos. Como sugere Kristian Williams, tais práticas não são anomalias nem efeitos não intencionais de um descarrilamento da justiça. A militarização da vida cotidiana pune os protestos, controla a fuga das redes de reestruturação econômica e mantém uma divisão racializada do trabalho, reivindicando o direito do Estado de destruir o corpo do cidadão (Williams, 2006, p. 216). De fato, o atual sistema prisional não pretende ter efeito reformador, funcionando inequivocamente como instrumento de terror e domínio classista.

Esse emprego brutal de força é o que até o momento tem contido a revolta contra a organização capitalista do trabalho. No entanto, à medida que a incapacidade do capital para satisfazer nossas necessidades mais básicas se torna cada vez mais evidente, a transformação de nosso corpo em força de trabalho se torna cada dia mais problemática. Os próprios instrumentos do terror estão se desfazendo. Presenciamos o crescente repúdio à guerra e ao alistamento militar, revelado pelo alto número de suicídios no hoje voluntário Exército dos Estados Unidos, que desencadeou um amplo programa de reeducação e "condicionamento". A institucionalização da precariedade, por sua vez, é uma faca de dois gumes, pois estabelece as condições para uma desnaturalização radical do trabalho dependente e a perda justamente das habilidades que os sociólogos há muito consideram indispensáveis em uma população industrial. Conforme documentou Chris Carlsson em *Nowtopia* (2008 [2014]), há mais pessoas buscando alternativas a uma vida regulamentada pelo trabalho e pelo mercado, seja porque, em um regime laboral precarizado, o trabalho não tem mais como ser uma fonte de formação de identidade, seja porque elas desejam ser mais criativas. Seguindo a mesma lógica, as lutas dos trabalhadores atuais mostram padrões diferentes dos da greve tradicional, refletindo uma busca por novos modelos de humanidade e novas relações entre o ser humano e a natureza. Vemos isso no interesse pelo discurso e pela prática dos "comuns" (*commons*), que já está gerando muitas iniciativas novas, como bancos de tempo, permutas, jardins urbanos e estruturas comunitárias para prestação de contas. Também é possível notar essas mudanças na preferência por modelos *andróginos* de identidade de gênero, no surgimento dos movimentos transexual e intersexual e na rejeição *queer* do gênero, com todas as suas implicações expressando um questionamento da divisão sexual do trabalho. Devo também mencionar a paixão mundial pela tatuagem e pela arte da decoração corporal, que está criando comunidades novas e imaginadas que atravessam os limites do sexo, da raça e da classe. Todos esses fenômenos apontam não apenas para uma decomposição dos mecanismos disciplinares como também para um desejo de remodelação de nossa humanidade de formas muito diferentes — opostas, na verdade — daquelas que séculos de disciplina capitalista nos impuseram.

Como os psicólogos vão se posicionar em relação a esses fenômenos? Trata-se, hoje, de uma questão em aberto. A psicologia mostrou ser capaz de se transformar e reconhecer a subjetividade dos sujeitos que estuda. Mas não encontrou coragem para romper com o poder. Apesar da crítica radical a que foi submetida nos anos 1960 por psicólogos e psiquiatras dissidentes (como Félix Guattari e Franco Basaglia), a psicologia dominante continua sendo cúmplice do poder. Há hoje, nos Estados Unidos, psicólogos ativamente engajados na seleção de técnicas de tortura e métodos de interrogatório. Ao contrário da Associação Americana de Psiquiatria, a Associação Americana de Psicologia até agora se recusou a implementar uma resolução aprovada por seus membros que os proíba de participar de interrogatórios em locais onde o direito internacional ou a Convenção de Genebra sejam violados.

Os psicólogos são responsáveis não só por suas ações, mas também por suas omissões. Com poucas exceções, eles não criticaram como patogênica a organização capitalista nem a disciplinarização do trabalho e, em vez disso, aceitaram a venda de trabalho como um fato normal da vida social, interpretando a revolta contra ela como uma anormalidade a ser sufocada em um discurso sobre predisposições fixas. Um exemplo simples mas revelador dessa omissão é a ausência de qualquer investigação psicológica sobre o significado e o valor dos salários e, particularmente, sobre aumentos ou cortes salariais como fatores de (des)motivação. "Embora exista vasta literatura psicológica sobre avaliação de desempenho, apenas uma pequena parte dela examina as consequências de vincular a remuneração à avaliação do desempenho no ambiente de trabalho" (Rynes, Gerhart & Parks-Leduc, 2005, p. 572-3). Da mesma forma, não se reconhece que os distúrbios mentais podem ser causados por fatores econômicos, tais como desemprego, falta de seguro de saúde e revolta contra o trabalho. Em vez disso, os psicólogos têm seguido os economistas e realizado "estudos sobre a felicidade", tentando mais uma vez nos convencer de que o pensamento positivo, o otimismo e, sobretudo, a "resiliência" — a nova palavra de ordem no céu das ferramentas disciplinares semânticas — são a chave para o sucesso. Notemos aqui que o decano dos "estudos da felicidade", Martin Seligman, deu palestras para o Exército dos Estados Unidos e a CIA sobre o estado de "desamparo adquirido" que supostamente se desenvolve como parte do processo de tortura, tendo recebido do Exército subsídios de 31 milhões de dólares para treinar soldados para se tornarem mais "resilientes" aos traumas provocados pela guerra (Greenberg, 2010, p. 34).

Chegou a hora de os psicólogos denunciarem as técnicas concebidas para transformar o corpo em força de trabalho, o que inevitavelmente nos leva da filosofia ao terror e da psicologia à tortura. A psicologia deve parar de atribuir as patologias provocadas pelo capitalismo a uma natureza humana pré-constituída. Deve também abandonar a produção de camisas de força que obrigam nosso corpo a ignorar a violação diária de sua integridade pelas mãos do sistema econômico e político em que vivemos.

ORIGENS E DESENVOLVIMENTO DO TRABALHO SEXUAL NOS ESTADOS UNIDOS E NA GRÃ-BRETANHA

Desde o início da sociedade capitalista, o trabalho sexual tem desempenhado duas funções fundamentais no contexto de produção e divisão capitalista do trabalho. Por um lado, tem assegurado a procriação de novos trabalhadores. Por outro, tem representado um aspecto fundamental de sua reprodução diária, pois as relações sexuais têm sido, pelo menos para os homens, a válvula de escape das tensões acumuladas durante a jornada de trabalho — o que as tornou ainda mais indispensáveis na medida em que, durante muito tempo, o sexo foi um dos poucos prazeres concedidos a eles. O próprio conceito de "proletariado" significava uma classe trabalhadora que se reproduzia prolificamente, não só porque mais uma criança significava mais uma mão para a fábrica e mais remuneração, mas também porque o sexo era o único prazer dos pobres.

Durante a primeira fase de industrialização, a atividade sexual da classe trabalhadora, embora importante, não estava sujeita a uma regulamentação significativa pelo Estado. Nessa fase, que durou até a segunda metade do século XIX, a principal preocupação da classe capitalista era a quantidade, e não a qualidade da força de trabalho a ser produzida. O fato de que trabalhadores ingleses, homens e mulheres, morriam em média aos 35 anos não importava para os donos das fábricas britânicas, desde que esses anos fossem todos passados dentro da fábrica, de sol a sol, dos primeiros anos de vida até a morte, e desde que uma nova força de trabalho fosse abundantemente procriada para substituir aqueles que eram continuamente eliminados.[54] Dos trabalhadores ingleses, homens e mulheres, só se esperava que produzissem uma prole abundante, e pouca consideração era dada à sua "conduta moral". De fato, esperava-se que a promiscuidade fosse a norma nos dormitórios dos bairros pobres onde, tanto em Glasgow como em Nova York, os trabalhadores passavam as poucas horas que tinham fora da fábrica. Também se esperava que as trabalhadoras inglesas e estadunidenses alternassem ou combinassem o trabalho da fábrica com a prostituição, que disparou nesses países ao mesmo tempo que o processo de industrialização se intensificou.[55]

---

54 É significativo, por exemplo, que nos Estados Unidos, ao longo do século XIX, a idade de consentimento sexual para as mulheres tenha sido fixada em cerca de dez anos.

55 Há um consenso geral de que os baixos salários pagos às mulheres e a mistura promíscua dos sexos nos bairros pobres foram as principais causas da "explosão" da prostituição que ocorreu na Inglaterra na primeira fase do processo de industrialização. Como afirmou William Acton em seu famoso trabalho sobre a prostituição: "Muitas mulheres [...] entram para a prostituição porque, na posição que ocupam, estão particularmente expostas à tentação. As mulheres às quais essa observação se aplica são principalmente atrizes, moleiras, garçonetes, empregadas domésticas, funcionárias de fábricas ou trabalhadoras de grupos de agricultores [...]. Trata-se de algo vergonhoso, mas é fato que a miserabilidade do salário pago às trabalhadoras que exercem uma diversidade de ofícios constitui uma fonte fértil de prostituição" (Acton, 1969, p. 129-30). Não

Foi na segunda metade do século XIX que as coisas começaram a mudar: sob a pressão da luta da classe trabalhadora, houve uma reestruturação da produção, exigindo um tipo diferente de trabalhador e, consequentemente, uma mudança no processo de sua reprodução. A mudança da indústria leve para a indústria pesada, da estrutura mecânica para a máquina a vapor, da produção de tecidos para a de carvão e aço, criou a necessidade de um trabalhador menos macilento, menos propenso a doenças, mais capaz de sustentar os ritmos intensos de trabalho exigidos pela mudança para a indústria pesada. É nesse contexto que a classe capitalista, em geral indiferente às altas taxas de mortalidade dos trabalhadores industriais, elaborou uma nova estratégia de reprodução, aumentando o salário dos homens, devolvendo as mulheres proletárias ao lar e, ao mesmo tempo, aumentando a intensidade do trabalho fabril, que o trabalhador assalariado, agora mais bem cuidado, passaria a ser capaz de realizar.

Dessa forma, de mãos dadas com a introdução do taylorismo e uma nova arregimentação do processo de trabalho, temos, na segunda metade do século XIX, uma reforma da família da classe trabalhadora centrada na construção de um novo papel doméstico para a mulher, que faria dela a garantia da produção de uma força de trabalho mais qualificada. Isso significava seduzir as

---

surpreende que, durante muito tempo, na família burguesa, a conduta promíscua ou "imoral" das mulheres tenha sido punida como forma de *déclassement* [se rebaixar]. "Comportar-se como uma dessas mulheres" significava comportar-se como as mulheres proletárias, as mulheres das "classes baixas".

mulheres não apenas a procriar para preencher os quadros da força de trabalho, mas a garantir a reprodução diária dos trabalhadores através da prestação de serviços físicos, emocionais e sexuais necessários para reintegrar sua capacidade laboral.

Conforme mencionado, a reorganização do trabalho que ocorreu na Inglaterra entre 1850 e 1880 foi ditada pela necessidade de assegurar uma força de trabalho mais saudável, mais disciplinada e mais produtiva e, acima de tudo, de reduzir a crescente organização da classe trabalhadora. Também se constatou, porém, que o recrutamento de mulheres para as fábricas havia destruído sua aceitação e sua capacidade de trabalho reprodutivo de tal forma que, se não fosse remediada, a reprodução da classe trabalhadora inglesa seria gravemente comprometida. Basta ler os relatórios sobre a conduta das trabalhadoras nas fábricas elaborados periodicamente pelos inspetores fabris designados pelo governo na Inglaterra, entre 1840 e 1880, para perceber que, na mudança de regime reprodutivo proposta, havia muito mais em jogo do que uma preocupação com a saúde e a combatividade da parte masculina da classe trabalhadora.

A mão de obra feminina, de mulheres casadas ou solteiras, indisciplinadas, indiferentes ao trabalho doméstico, à família e à moralidade, determinadas a se divertirem nas poucas horas livres de que dispunham, prontas a sair de casa para a rua, o bar, onde bebiam e fumavam como homens, alienadas de seus filhos, era, na imaginação burguesa, uma ameaça à produção de uma força de trabalho estável e tinha que ser domesticada. Foi nesse contexto que a "domesticação" da família da classe trabalhadora e a criação da dona de casa em tempo integral da classe trabalhadora se tornou uma política estatal, inaugurando também uma nova forma de acumulação de capital.

Como se de repente tivessem despertado para a realidade da vida fabril, na década de 1850 uma série de reformadores começou a vociferar contra as longas horas que as mulheres passavam longe de casa. Por meio de uma "legislação protetora", começaram por eliminar os turnos da noite para mulheres; posteriormente, expulsaram as mulheres casadas das fábricas, de modo que pudessem ser reeducadas a servir como "anjos do lar", conhecedoras das artes da paciência e da subordinação, especialmente porque o trabalho a que estavam destinadas não seria remunerado.

A idealização da "virtude feminina", reservada, até a virada do século, às mulheres da classe média e alta, foi assim estendida às mulheres da classe trabalhadora para dissimular o trabalho não remunerado que se esperava delas. Não surpreendentemente, nesse período foi realizada uma nova campanha ideológica que promoveu na classe trabalhadora os ideais da *maternidade* e do *amor*, entendidos como a capacidade de autossacrifício absoluto. Fantine, a mãe prostituta de *Os miseráveis* (1862), que vende o próprio cabelo e dois dentes para sustentar seu filho pequeno, personificou bem esse ideal. O "amor conjugal" e o "instinto materno" são temas que permeiam o discurso dos reformadores vitorianos, ao lado das reclamações sobre os efeitos perniciosos do trabalho nas fábricas para a moralidade e o papel reprodutivo das mulheres.

A regulamentação do trabalho doméstico não seria possível, no entanto, sem a regulamentação do trabalho sexual. Como aconteceu com o trabalho doméstico, o que caracterizou a política sexual do capital e do Estado nessa fase foi que se estenderam à mulher proletária os princípios que já regulamentavam a conduta sexual da mulher na família burguesa. O primeiro deles foi a negação da sexualidade feminina como fonte de prazer e rendimento econômico para as mulheres. Para a transformação da trabalhadora-de-fábrica-prostituta — em ambos os casos uma trabalhadora remunerada — em uma mulher-mãe não remunerada, pronta a sacrificar seu próprio interesse e seu desejo pelo bem-estar da família, a "purificação" do papel materno de qualquer elemento erótico foi uma premissa essencial.

Isso significava que a mulher-mãe só deveria desfrutar do prazer do "amor", concebido como um sentimento livre de qualquer desejo de sexo e remuneração. No próprio trabalho sexual, a divisão do trabalho entre "sexo por procriação" e "sexo por prazer" e, no caso das mulheres, a associação do sexo com características antissociais foram aprofundadas. Tanto nos Estados Unidos quanto na Inglaterra, introduziu-se uma nova regulamentação sobre a prostituição, com o objetivo de separar mulheres "honestas" de "prostitutas" — uma distinção que o recrutamento de mulheres para o trabalho fabril havia dissipado. William Acton, um dos promotores dessa reforma na Inglaterra, observou como era perniciosa a presença constante de prostitutas em locais públicos. As razões mencionadas por ele dizem tudo:

> Meu principal interesse consistia em considerar o efeito produzido sobre as mulheres casadas ao se acostumarem a essas reuniões e testemunharem a depravada e libertina

irmandade que ostentavam alegremente, ou "de primeira", em seu jargão, aceitando toda a atenção dos homens, bem servidas com licor, sentadas nos melhores lugares, vestidas muito acima do que a sua situação social permitia, com muito dinheiro para gastar, sem abdicar de nenhuma diversão nem prazer, sem qualquer obrigação doméstica e sem o fardo dos filhos. Mesmo que houvesse um aspecto dramático nisso, essa superioridade concreta de uma vida leve e solta não teria escapado da atenção do inteligente sexo feminino. (Acton, 1969, p. 54-5)

A iniciativa de Acton também foi motivada por outra preocupação: a propagação de doenças venéreas, especialmente a sífilis, pelo proletariado:

O leitor que é um pai consciencioso há de me apoiar; pois, estivessem vigentes as medidas sanitárias que defendo, ele contemplaria bem menos angustiado o progresso de seus meninos da infância à idade adulta. O estadista e os economistas políticos já concordam com meu argumento, pois os exércitos e as marinhas já se encontram prejudicados; o trabalho, debilitado; e a população, deteriorada pelos males contra os quais proponho que devemos lutar. (Acton, 1969, p. 27)

Regular a prostituição significava submeter quem trabalhava com sexo a um controle médico, de acordo com o modelo adotado na França desde a primeira metade do século XIX.

Com essa regulação, que fez do Estado, por meio da polícia e da profissão médica, o supervisor direto do trabalho sexual, *temos a institucionalização da prostituta e da mãe como figuras e com funções femininas separadas e mutuamente exclusivas, ou seja, a institucionalização de uma maternidade sem prazer e de um "prazer" sem maternidade.* A política social passa a exigir que a prostituta não se tornasse mãe.[56] Caso acontecesse, isso tinha de ser escondido, eliminado de seu lugar de trabalho. Na literatura da época, a criança da prostituta vive no campo, entregue a cuidadores caridosos. Em contraste, a mãe, a esposa, a "mulher honesta", deveria olhar para o sexo apenas como um serviço doméstico, um dever conjugal do qual ela não poderia escapar, mas que não lhe daria nenhum prazer. O único sexo concedido à mãe seria aquele purificado pelo casamento e pela procriação — isto é, por infinitas horas de trabalho não remunerado, consumado com pouca alegria e sempre acompanhado pelo medo de engravidar. É daí que vem a imagem clássica, que nos foi transmitida nos romances do século XIX, da mulher que sofre com as investidas do marido, com cuidado para não contradizer a aura de santidade com a qual a sociedade quer envolver sua cabeça.

---

56 Esta, no entanto, não era uma tarefa fácil. Não por acaso, Acton lamentou: "As prostitutas, como geralmente se supõe, não morrem executando essa função. Pelo contrário, elas, em sua maioria, tornam--se mais cedo ou mais tarde esposas e mães, com o corpo maculado e a mente poluída, enquanto em algumas classes populares o sentimento moral é tão depravado que a mulher que vive à custa da contratação de sua pessoa é recebida em condições quase iguais em suas relações sociais. É claro, portanto, que, embora possamos chamar essas mulheres de marginalizadas e párias, elas exercem uma influência poderosa para o mal em todos os estratos da comunidade. O dano moral infligido à sociedade pela prostituição é incalculável: o dano físico é ao menos tão grande quanto" (Acton, 1969, p. 84-5).

A divisão do trabalho sexual e da maternidade, no entanto, só foi possível porque o capital usou muita violência psicológica e física para impô-la. O destino da mãe solteira — a "seduzida e abandonada" que, juntamente com a exaltação dos sacrifícios da maternidade, encheu as páginas da literatura do século XIX — tem servido como alerta constante às mulheres: qualquer coisa é melhor que "perder a honra" e ser considerada uma "vadia". Mas o chicote que serviu para manter as mulheres no lugar foi a condição na qual a prostituta da classe proletária foi forçada a viver, cada vez mais isolada de outras mulheres e sujeita ao controle constante do Estado.

A despeito da criminalização da prostituição, as tentativas de criar uma família respeitável da classe trabalhadora foram por muito tempo frustradas. Apenas uma pequena parte dos homens da classe trabalhadora podia se beneficiar de um salário suficiente para permitir que sua família sobrevivesse exclusivamente com "seu trabalho", e o trabalho sexual sempre foi a forma de renda mais prontamente disponível para as mulheres proletárias, e aquela à qual elas eram forçadas pela instabilidade das relações sexuais, o que muitas vezes significava sustentar os filhos sozinhas. Foi preocupante descobrir, nos anos 1970, que, na Itália, antes da Primeira Guerra Mundial, a maioria das crianças proletárias teve o nome do pai registrado como "NN" (*nomen nescio*, nome desconhecido). Os empregadores aproveitavam a pobreza das mulheres para forçá-las à prostituição, se quisessem manter seus empregos ou evitar que seus maridos fossem demitidos.

Quanto às mulheres "honestas" da classe trabalhadora, elas sempre souberam que a linha divisória entre o casamento e a prostituição, entre a "puta" e a mulher respeitável, é muito tênue. As proletárias sempre souberam que, para as mulheres, o casamento significava ser "criada de dia e puta à noite",[57] pois, a cada vez que planejavam abandonar o leito conjugal, tinham que enfrentar a pobreza econômica. Ainda assim, a construção da sexualidade feminina como serviço e sua negação como prazer vêm mantendo viva por muito tempo a ideia de que a sexualidade feminina é pecaminosa e redimível somente por meio do casamento e da procriação, e produziu uma situação em que *toda mulher era considerada uma prostituta em potencial* a ser constantemente controlada. Como resultado, gerações de mulheres, antes da ascensão do movimento feminista, viveram sua sexualidade como algo vergonhoso e tiveram de provar que não eram prostitutas. Ao mesmo tempo, a prostituição, ainda que seja um objeto de condenação social a ser controlado pelo Estado, foi reconhecida como elemento necessário para a reprodução da força de trabalho, justamente porque se concluiu que a esposa não seria capaz de satisfazer por completo as necessidades sexuais de seu marido.

Isso explica por que *o trabalho sexual foi o primeiro aspecto do trabalho doméstico a ser socializado*. O bordel estadual, a *casa chiusa* [casa fechada] ou *maison des femmes* [casa das mulheres], típicos da primeira fase do ordenamento do trabalho sexual por parte do capital, *institucionalizou a mulher como amante coletiva, trabalhando direta ou indiretamente a serviço do*

---

57 Foi assim que a avó de uma amiga feminista descreveu a própria vida.

Estado enquanto marido coletivo e cafetão. Além de pôr mulheres em um gueto, visto que seriam pagas para fazer o que milhões de outras ofereciam gratuitamente, a socialização do trabalho sexual respondeu a critérios de eficiência produtiva. A *taylorização do coito*, típica do bordel, aumentou muito a produtividade do trabalho sexual. O sexo de baixo custo, facilmente acessível e patrocinado pelo Estado, era o ideal para um trabalhador que, depois de passar um dia em uma fábrica ou no escritório, não teria tempo nem energia para procurar aventuras amorosas ou investir em relações voluntárias.

A LUTA CONTRA O TRABALHO SEXUAL

Com a ascensão da família nuclear e do sexo conjugal, teve início uma nova fase na história da luta das mulheres contra os trabalhos doméstico e sexual. Prova disso é o surgimento do divórcio, na virada do século XX, sobretudo nos Estados Unidos e na Inglaterra, e na classe média, onde o modelo de família nuclear foi inicialmente adotado.

Como aponta O'Neill (1967, p. 1), "até meados do século XIX, os divórcios eram um acontecimento raro no mundo ocidental; depois disso, passaram a ocorrer com uma taxa de crescimento tão regular que, no final do século, a dissolução legal do casamento foi reconhecida como um fenômeno social importante". Ele continua:

> Se considerarmos a família vitoriana uma nova instituição [...], veremos por que o divórcio se tornou uma parte necessária do sistema familiar. Quando a família se torna o centro da organização social, a intimidade que a caracteriza se torna sufocante; suas tensões, insuportáveis; e suas expectativas, muito altas para serem satisfeitas. (O'Neill, 1967, p. 6)

O'Neill e seus contemporâneos estavam bastante cientes de que a rebelião das mulheres estava por trás da crise familiar e daquela avalanche de divórcios. Nos Estados Unidos, a maior parte dos pedidos de divórcio era apresentada por mulheres, e essa não foi a única forma pela qual elas expressaram sua recusa à disciplina familiar. Nesse mesmo período, tanto nos Estados Unidos quanto na Inglaterra, a taxa de fertilidade começou a cair. De 1850 a 1900, os núcleos familiares estadunidenses diminuíram em um membro. Ao mesmo tempo, em ambos os países se desenvolveu um movimento feminista, inspirado pelo movimento abolicionista da escravidão, que teve como alvo a "escravidão doméstica".

"Are Women to Blame?" [A culpa é das mulheres?], título de um simpósio sobre divórcio publicado pela *North American Review* em 1889, foi um exemplo típico do ataque direcionado às mulheres nesse período. Elas eram acusadas de serem gananciosas ou egoístas, de esperarem demais do casamento, de terem pouca responsabilidade e de subordinarem o bem-estar comum a seus meros interesses pessoais. Mesmo quando não se divorciavam, as mulheres continuavam a travar uma luta diária contra o trabalho doméstico e sexual, o que muitas vezes assumia a forma de adoecimento e dessexualização. Já em 1854, a estadunidense Mary Nichols, médica e promotora da reforma familiar, escreveu:

> Nove de cada dez crianças nascidas não são desejadas pela mãe [...]. Um grande número das mulheres da civilização não tem nem a paixão sexual nem a paixão materna. Todas as mulheres querem amor e apoio. Elas não querem ter filhos nem ser meretrizes desse amor ou desse apoio. No casamento, atualmente, o instinto contra ter filhos e contra se submeter a um abraço amoroso é quase tão generalizado quanto o amor pelos filhos depois do nascimento. A destruição do instinto materno e sexual na mulher é um fato patológico terrível. (Nichols *apud* Cott, 1972, p. 286)

As mulheres usavam a desculpa da fraqueza, da fragilidade e de doenças súbitas (enxaquecas, desmaios, histeria) para evitar deveres conjugais e o perigo de gravidezes indesejadas. Estas não eram, propriamente falando, "doenças", mas formas de resistência ao trabalho doméstico e sexual, fato demonstrado não apenas pelo caráter generalizado desse fenômeno como também pelas queixas dos maridos e pelos sermões dos médicos. Foi assim que uma médica estadunidense, Rachel Brooks Gleason, descreveu a dialética da doença e da recusa, vista tanto do ponto de vista de uma mulher como do ponto de vista de um homem, na família de classe média da virada do século:

> Eu nunca deveria ter me casado, pois minha vida é um sofrimento sem fim. Eu poderia suportá-la sozinha,

mas pensar que estou, ano após ano, me tornando mãe daqueles que terão de viver e suportar o mesmo sofrimento que vivo me deixa tão infeliz que fico quase transtornada. (Gleason *apud* Cott, 1972, p. 274)

Diz a médica:

O futuro marido pode tomar todo o cuidado para proteger sua bela mas frágil escolhida; pode [...] se mostrar carinhoso com a esposa de sua juventude quando ela se queixar de dores constantes e envelhecer prematuramente; ainda assim, ele não tem ninguém que ajude – ninguém para compartilhar as alegrias da vida nem para aliviar o trabalho da vida para ele. Algumas mulheres doentes se tornam egoístas e esquecem que, em uma parceria como a deles, outros sofrem quando elas sofrem. Todo marido leal que tem uma esposa doente vive a vida pela metade. (Gleason *apud* Cott, 1972, p. 274)

E o marido diz: "Será que algum dia ela vai ficar bem?" (Cott, 1972, p. 275).

Quando não adoeciam, as mulheres se tornavam frígidas ou, nas palavras de Mary Nichols (*apud* Cott, 1972, p. 286), herdavam "um estado apático que não as impelia a qualquer união material". No contexto de uma disciplina sexual que negava às mulheres, especialmente da classe média, o controle sobre sua vida sexual, a frigidez e a proliferação de dores corporais eram formas eficazes de recusa que podiam ser mascaradas como uma extensão da defesa normal da castidade, ou seja, como um excesso de virtude que permitia que as mulheres virassem a mesa a seu favor e se apresentassem como verdadeiras defensoras da moralidade sexual. Dessa forma, as mulheres vitorianas de classe média tinham como se recusar a exercer os deveres sexuais mais frequentemente do que suas netas conseguiriam fazer. Depois de décadas de recusa das mulheres ao trabalho sexual, psicólogos, sociólogos e outros "especialistas" abriram os olhos e agora estão menos dispostos a recuar. Hoje, de fato, há toda uma campanha para que a "mulher frígida" seja culpada, inclusive com a acusação de não estar vivendo a sexualidade livremente.

O florescimento das ciências sociais no século XIX esteve em parte ligado à crise da família e à recusa das mulheres em relação a ela. A psicanálise nasceu como a ciência do controle sexual, encarregada de fornecer estratégias para a reforma das relações familiares. Tanto nos Estados Unidos quanto na Inglaterra, na primeira década do século XX, surgiram planos para a reforma da sexualidade. Livros, livretos, panfletos, ensaios e tratados foram dedicados à família e ao "problema do divórcio", revelando não apenas a profundidade da crise, mas também a consciência cada vez maior de que uma nova ética sexual/familiar seria necessária. Assim, enquanto nos Estados Unidos os círculos mais conservadores fundaram a Liga para a Proteção da Família e as mulheres radicais defenderam os sindicatos livres e argumentaram que, para esse sistema funcionar, "seria necessário que o Estado subsidiasse todas as mães como uma questão de direito" (O'Neill, 1972, p. 104), sociólogos e psicólogos se juntaram ao debate, propondo que o problema fosse cientificamente resolvido. Seria tarefa de Freud sistematizar o novo código sexual, razão pela qual o seu trabalho se tornou tão popular em ambos os países.

FREUD E A REFORMA DO TRABALHO SEXUAL

À primeira vista, a teoria de Freud parece dizer respeito à sexualidade em geral, mas seu objetivo real era tratar da sexualidade feminina. A obra de Freud foi uma resposta à recusa das mulheres ao trabalho doméstico, à procriação e ao trabalho sexual. Como bem indicam seus escritos, ele estava profundamente consciente de que a "crise familiar" decorria do fato de que as mulheres não queriam ou não podiam fazer o trabalho do qual estavam encarregadas. Ele também estava preocupado com o crescimento da impotência masculina, que havia assumido proporções tais que foi descrita por ele como um dos principais fenômenos sociais de sua época. Freud atribuiu este último à extensão das "restrições feitas às mulheres por tal sistema [...] à vida sexual masculina, sendo proibida toda relação sexual exceto dentro do casamento monogâmico". Diz ele: "A moral civilizada traz consequências ainda mais graves, pois, glorificando a monogamia, impossibilita a seleção pela virilidade – único fator que pode aperfeiçoar a constituição do homem" (Freud, 1973, p. 11 [1976, p. 187-8]).

A luta das mulheres contra o trabalho sexual não só comprometeu seu papel como amantes domésticas e produziu homens descontentes; também pôs em risco seu papel (talvez mais importante na época) na procriação. "Não sei", escreve Freud,

> se esse tipo de mulher anestesiada aparece fora da educação civilizada, embora o considere muito provável, mas certamente essa educação o produz, e essas mulheres

que concebem sem prazer mostram-se pouco dispostas a enfrentar as dores de partos frequentes. Assim, a própria preparação do casamento faz malograr os seus desígnios. (Freud, 1973, p. 25 [1976, p. 203])

A estratégia de Freud foi a de (re)integrar o sexo no dia a dia e na disciplina doméstica, a fim de reconstruir o papel tradicional da mulher como esposa e mãe sobre bases mais sólidas, por meio de uma vida sexual mais livre e satisfatória. Em outras palavras, com Freud *a sexualidade é posta a serviço da consolidação do trabalho doméstico* e é transformada em um elemento de trabalho, para logo se tornar um dever. A prescrição de Freud é uma sexualidade mais livre que pode contribuir para uma vida familiar mais saudável, para uma família na qual a mulher se identificaria com sua função de esposa, em vez de se tornar histérica, neurótica e ser tomada pela frigidez depois dos primeiros meses de casamento, sendo talvez tentada a transgredir por meio de experiências "degeneradas", como a lesbianidade.

Começando com Freud, a liberação sexual para as mulheres significou uma intensificação do trabalho doméstico. O modelo de esposa e mãe cultivado pela psicologia foi não mais o da mãe-procriadora de uma prole abundante, mas o da amante-esposa, que tinha que garantir a seu marido níveis mais altos de prazer do que o que era possível obter com a simples penetração de um corpo passivo ou resistente.

Nos Estados Unidos, a reintegração da sexualidade no trabalho doméstico começou a se enraizar na família proletária com o desenvolvimento da domesticidade na Era Progressista[58] e se acelerou com a reorganização fordista do trabalho e dos salários. Desenvolveu-se junto com a linha de montagem, o salário de cinco dólares por dia e a aceleração do trabalho, que exigiu que os homens descansassem à noite em vez de rondar as tavernas, de modo a estarem renovados e restaurados para mais um dia de trabalho árduo. A rígida disciplina laboral e a aceleração da produção introduzidas pelo taylorismo e pelo fordismo nas fábricas estadunidenses demandaram um novo tipo de higiene, um novo regime sexual e, portanto, a reconversão da sexualidade e da vida familiar. Em outras palavras, para que os trabalhadores pudessem sustentar a disciplina da vida na fábrica, o salário tinha que comprar uma sexualidade mais substancial do que aquela proporcionada pelos encontros casuais nos estabelecimentos noturnos. Tornar o lar mais atraente por meio da reorganização do trabalho sexual domiciliar também foi vital em uma época de aumento do salário, que de outra forma poderia ser gasto com diversão.

A mudança também foi motivada por considerações políticas. A tentativa de aproximar os homens do lar e afastá-los das tavernas, algo que se intensificou depois da Primeira Guerra Mundial, foi motivada porque as tavernas eram um centro de organização e debate político, assim como de prostituição.

Para a dona de casa, essa reorganização significava que ela teria que continuar a ter filhos e se cuidar para

---

58 Período compreendido entre 1896 e 1920, caracterizado por ativismo social e reformas políticas nos Estados Unidos. [N.E.]

seus quadris não se tornarem grandes demais, e aqui começou a proliferação de dietas. Ela continuaria a lavar pratos e pisos, mas com unhas feitas e babados em seu avental, e continuaria a ser escravizada do nascer ao pôr do sol, mas teria de se arrumar para receber adequadamente o marido quando ele voltasse do trabalho. A essa altura, dizer "não" na cama se tornou mais difícil. De fato, novos cânones, divulgados por livros de psicologia e revistas femininas, começaram a enfatizar que a união sexual era crucial para um casamento funcionar bem.

A partir da década de 1950, houve também uma mudança na função da prostituição. À medida que o século avançava, o homem estadunidense médio passou a recorrer cada vez menos às prostitutas para satisfazer suas necessidades. O que salvou a união familiar, porém, mais do que qualquer outra coisa, foi o acesso limitado que as mulheres tinham aos próprios salários. Mas nem tudo estava indo bem na família estadunidense, como se pode perceber pelo alto número de divórcios no período pós-guerra (também registrado na Inglaterra). Quanto mais se pedia das mulheres e da família, mais crescia a recusa que promoviam, que não podia ainda ser uma recusa do casamento, por razões econômicas óbvias, mas sim *uma demanda por maior mobilidade dentro do casamento* – isto é, uma demanda pela possibilidade de mudar de marido (como se muda de empregador) e de exigir melhores condições de trabalho doméstico. Nesse período, a luta pelo segundo emprego (e por bem-estar social) se tornou intimamente ligada à luta contra a família, pois a fábrica ou o escritório muitas vezes representavam, para as mulheres, a única alternativa ao trabalho doméstico não remunerado, ao seu isolamento dentro da família e à subordinação aos desejos do marido. Não por acaso, os homens por muito tempo viram o segundo emprego das mulheres como a antessala da prostituição. Até a explosão da luta pelo bem-estar social, trabalhar fora era muitas vezes a única maneira que as mulheres tinham de sair de casa, conhecer pessoas, escapar de um casamento insuportável.

Contudo, já no início dos anos 1950, o Relatório Kinsey lançou um alerta, pois demonstrou a resistência das mulheres a oferecer níveis adequados de trabalho sexual. Descobriu-se que muitas mulheres estadunidenses eram frígidas, que não participavam de seu trabalho sexual, mas apenas cumpriam o expediente. Também se descobriu que metade dos homens nos Estados Unidos tinha ou queria ter relações homossexuais. Uma pesquisa sobre o casamento na classe trabalhadora estadunidense, realizada alguns anos mais tarde, revelou conclusões semelhantes – e constatou que um quarto das mulheres casadas fazia amor puramente como dever conjugal, sendo que um número elevado delas não sentia prazer algum (Komarovsky, 1967, p. 83). Foi nesse ponto que o capital nos Estados Unidos lançou uma campanha massiva na frente sexual, determinado a derrotar, com os braços da teoria e da prática, a apatia obstinada de tantas mulheres em relação à sexualidade. O tema dominante dessa campanha foi a busca do orgasmo feminino, cada vez mais considerado o teste da perfeição na união conjugal. O orgasmo feminino, nos anos 1960, tornou-se o tema central de toda uma série de estudos psicológicos, culminando com a suposta descoberta histórica de Masters e Johnson de que o orgasmo feminino não só existia, mas que tinha múltiplas formas.

Com os experimentos de Masters e Johnson, a produtividade necessária para o trabalho sexual das mulheres foi fixada em cotas muito altas. As mulheres não só podiam fazer amor e chegar ao orgasmo como também *tinham que* alcançá-lo. Se não conseguíssemos, não éramos mulheres de verdade; pior ainda, não éramos "liberadas". Essa mensagem nos foi transmitida nos anos 1960 pelas telas de cinema, pelas páginas das revistas femininas e pelos manuais do tipo "faça você mesmo" que nos ensinavam as posições que nos permitiam chegar a uma cópula satisfatória. Psicanalistas também professavam que ter relações sexuais "plenas" era uma condição para o equilíbrio social e psicológico. Nos anos 1970, começaram a surgir "clínicas sexuais" e "sex shops", e a vida familiar passou por uma notável reestruturação, com a legitimação das relações pré e extraconjugais, o "casamento aberto", o sexo grupal e a aceitação do autoerotismo. Enquanto isso, só por segurança, as inovações tecnológicas produziram o vibrador para aquelas mulheres para quem nem mesmo a última atualização do *Kama Sutra* funcionava.

O QUE ISSO SIGNIFICOU PARA AS MULHERES?

Digamos o seguinte, de maneira inequívoca: para as mulheres de hoje tanto quanto para nossas mães e avós, a liberação sexual só pode significar liberar-se do "sexo", e não uma intensificação do trabalho sexual.

"Liberar-se do sexo" significa a liberação das condições em que somos forçadas a viver nossa sexualidade, que transformam essa atividade em um trabalho árduo, cheio de incógnitas e acidentes, envolvendo o perigo de engravidar, uma vez que até mesmo os últimos contraceptivos trazem um risco de saúde considerável. Enquanto essas condições prevalecerem, qualquer "progresso" trará mais trabalho e angústia. Sem dúvida, é uma grande vantagem não ser linchada por pais, irmãos e maridos se descobrirem que não somos virgens ou que somos "infiéis" e "malcomportadas" — apesar de crescer sem parar o número de mulheres assassinadas por seus parceiros apenas porque desejam deixá-los. Mas a sexualidade continua sendo para nós uma fonte de angústia, pois a "liberação sexual" foi transformada em um dever que devemos aceitar se não quisermos ser acusadas de estarmos atrasadas. Assim, enquanto nossas avós, depois de um dia de trabalho duro, podiam ir dormir em paz com a desculpa de uma enxaqueca, nós, suas netas liberadas, nos sentimos culpadas quando nos recusamos a fazer sexo, a não participar ativamente dele, ou mesmo quando não desfrutamos dele.

Gozar, ter um orgasmo, tornou-se um imperativo tão categórico que nos sentimos desconfortáveis em admitir que "nada está acontecendo" e respondemos às perguntas insistentes dos homens com uma mentira, ou nos obrigamos a fazer outro esforço, com o resultado de que, muitas vezes, ir para a cama parece ir à academia.

Mas a principal diferença é que nossas mães e avós consideravam os serviços sexuais dentro de uma lógica de troca: você ia para a cama com o homem com quem se casou, ou seja, o homem que lhe prometeu certa segurança financeira. Hoje, em vez disso, trabalhamos de graça, tanto na cama como na cozinha, não só porque o trabalho sexual não é remunerado, mas porque cada vez mais prestamos serviços sexuais sem esperar nada em troca. De fato, o símbolo da mulher liberada é a mulher que está sempre disponível e não pede mais nada em troca.

"MÓRMONS NO ESPAÇO" REVISITADO, COM GEORGE CAFFENTZIS

Como explicar a corrida do capital para sair do planeta Terra? Para simultaneamente destruí-lo e transcendê-lo? Por que tantos sonhos com ônibus espaciais, colônias espaciais, viagens para Marte, misturados com a militarização do espaço? Será que o capitalismo quer destruir esta Terra bagunçada da mesma maneira que quer programar nosso corpo? Será este o segredo sórdido do capitalismo: a destruição final da Terra e de nosso corpo recalcitrante — ambos resíduos de um bilhão de anos de formação não capitalista? Por que a tentativa simultânea de militarizar o espaço e de recodificar nossos cromossomos e nosso sistema nervoso? Por quê, se não para definir um ser autenticamente capitalista, com um plasma puramente capitalista e em uma sequência de atividades de trabalho puramente capitalistas — neurossistemas sem peso nem forma, prontos para uma recomposição infinita de redes?

O "espaço sideral" não é espaço como o conhecemos. O capital tem sede de ocupá-lo não por causa dos minerais que podem ser encontrados ou produzidos em Marte, mas pelo que poderá fazer conosco quando nos levar até lá.

Se alguém tentasse definir o espírito do nosso tempo — respirando os ares da nova direita —, estaria diante de um enigma indecifrável. Por um lado, são os porta-vozes de uma revolução científica e tecnológica que, há alguns anos, tinha alguma coisa de ficção científica: modificação genética, técnicas de recombinação de DNA, técnicas de compressão do tempo, colônias espaciais. Ao mesmo tempo, os círculos da nova direita testemunharam um renascimento de tendências religiosas e conservadorismo moral que se poderia supor terem sido enterrados de uma vez por todas com os Pais Fundadores Puritanos. Para onde quer que olhemos, grupos tementes a Deus e com mentalidade satânica estão se espalhando como cogumelos: Christian Voice [Voz cristã], Pro-Family Forum [Fórum pró-família], National Prayer Campaign [Campanha nacional de oração], Eagle Forum [Fórum águia], Right to Life Commission [Comissão pelo direito à vida], Fund to Restore an Educated Electorate [Fundo para restaurar um eleitorado educado], Institute for Christian Economics [Instituto de economia cristã]. Visto em seus contornos gerais, então, o corpo da nova direita parece se estender em duas direções opostas, tentando ao mesmo tempo um salto ousado para o passado e um salto igualmente ousado para o futuro.

O quebra-cabeça se torna ainda mais complexo quando percebemos que não se trata de seitas separadas, uma vez que envolvem de diferentes formas as mesmas pessoas e o mesmo dinheiro. A despeito de alguns desentendimentos insignificantes e de algumas contorções para manter a fachada do pluralismo, a mão que lança o ônibus espacial ou recombina a genética de ratos e coelhos é a mesma que condena gays, trans e mulheres que abortam, e carrega uma grande cruz pelo século XX assim como carregava pelos séculos XIX e XVIII.

É possível perceber até que ponto os apóstolos do direito à vida e os futurólogos da ciência constituem uma mesma alma e uma mesma missão menos pela vida individual de seus porta-vozes e mais pela harmonia de intenções que expressam quando confrontados com as "questões fundamentais" da época. Quando se trata de questões econômicas e políticas, todas as camadas de diferença desmoronam, e ambas as almas da nova direita investem dinheiro e recursos em objetivos comuns. O livre mercado, o liberalismo econômico, a militarização do país (o que é chamado de "construção de uma forte defesa militar"), o reforço da "segurança interna", por exemplo, dando ao FBI e à CIA carta branca para policiar nossa vida diária e cortando todos os gastos sociais, exceto os destinados a construir prisões e garantir que milhões de pessoas as preencham; em suma, afirmar a propriedade do capital dos Estados Unidos sobre o mundo e fazer a "América" trabalhar recebendo o salário mínimo (ou menos) são objetivos que toda a nova direita jura, com as mãos na Bíblia, perseguir.

Uma pista possível para entender a alma dupla da nova direita é perceber que essa mistura de políticas sociais reacionárias e ousadia científica não é uma novidade na história do capitalismo. Se pensarmos no início do capitalismo — nos séculos XVI e XVII, aos quais a Moral Majority[59] regressaria com alegria —, veremos uma situação semelhante nos países que testemunharam a "arrancada" do capitalismo. Na época em que Galileu apontava seu telescópio para a Lua e Francis Bacon lançava as bases da racionalidade científica, mulheres e gays eram

---

59 "Maioria moral", em tradução livre, uma organização política estadunidense associada à direita cristã. Ativa entre 1979 e 1989, foi fundada por Jerry Falwell, líder religioso e televangelista. [N.E.]

queimados na fogueira por toda a Europa, com a bênção universal da *intelligentsia* europeia modernizadora.

Uma loucura repentina? Uma queda inexplicável para dentro da barbárie? Na realidade, a caça às bruxas era parte daquela tentativa de "perfectibilidade humana" comumente reconhecida como o sonho dos pais do racionalismo moderno. O impulso da classe capitalista emergente em direção à dominação e à exploração da natureza não teria avançado sem a criação concomitante de um novo tipo de indivíduo, cujo comportamento seria tão regular, previsível e controlável quanto as leis naturais recém-descobertas. Para atingir esse propósito, era preciso destruir aquela concepção mágica do mundo, que fazia os povos indígenas das colônias acreditarem ser um sacrilégio minerar a terra e ensinava às pessoas da Europa que, nos "dias de azar", deveriam evitar qualquer empreendimento. A caça às bruxas, além disso, deu ao Estado o controle sobre a principal fonte de trabalho, o corpo da mulher, criminalizando o aborto e todas as formas de contracepção, entendidas como um crime contra a humanidade. A adúltera, a mulher de má reputação, a lésbica, a mulher que morava sozinha, a que não tinha espírito materno e a que tinha filhos "ilegítimos" foram todas mandadas para a fogueira. Igual foi o destino de muitos mendigos, que tinham lançado suas maldições contra aqueles que lhes negavam um pouco de cerveja e pão. Tudo isso com a aprovação dos pais do racionalismo moderno. Alguns até reclamaram que o Estado não tinha ido suficientemente longe. Notoriamente, Jean Bodin insistiu que as bruxas não deveriam ser "misericordiosamente" estranguladas antes de serem lançadas às chamas.

O fato de que uma situação semelhante prevalece hoje nos Estados Unidos é um sinal de crise do capital. Sempre que não sente seus alicerces seguros, o capital volta ao básico. Atualmente, isso significa experimentar um salto tecnológico ousado que, de um lado (no polo de produção), concentra o capital e automatiza o trabalho a um grau sem precedentes e, de outro, relega milhões de trabalhadores à falta de salário, ao desemprego ou ao trabalho intensivo, pago em valores mínimos, no modelo das tão aclamadas "zonas de livre iniciativa" (*free enterprise zone*). Isso envolve uma reorganização do processo de reprodução do trabalho.

A institucionalização da repressão e da autodisciplina na linha da nova direita cristã é hoje necessária em ambos os extremos do espectro da classe trabalhadora: para aqueles destinados a empregos temporários, de baixa remuneração ou a uma busca perene de emprego, e também para aqueles destinados a trabalhar com os equipamentos mais sofisticados que a tecnologia é capaz de produzir. Não nos enganemos. De Wall Street ao Exército, todas as utopias do capital estão baseadas em uma micropolítica infinitesimal que se dá no nível do corpo, refreando nosso espírito animal e refinando o significado da "busca da felicidade". Isso se faz especialmente necessário para o desenvolvimento dos trabalhadores no segmento da alta tecnologia que, ao contrário daqueles provenientes dos escalões inferiores da classe trabalhadora, não podem ser governados pela força, pois as máquinas com as quais trabalham são infinitamente mais caras.

O que mais faz falta à indústria de alta tecnologia hoje é um salto tecnológico na máquina humana – um grande passo evolucionário para criar um tipo de trabalhador que atenda às necessidades de investimento do capital. Quais são as faculdades esperadas desse novo ser que nossos futurólogos defendem? Um olhar sobre o debate acerca das colônias espaciais é revelador. Todos concordam que o principal impedimento ao desenvolvimento das colônias humanas no espaço é mais biossocial do que tecnológico. Você pode juntar as peças do ônibus espacial com consistência suficiente para enviá-lo a Marte, mas produzir o trabalhador espacial certo é um problema que nem mesmo os avanços genéticos conseguiram resolver. É necessário um indivíduo capaz de suportar o isolamento social e a privação sensorial por longos períodos sem sucumbir; que tenha um desempenho "perfeito" em um ambiente extremamente hostil, alienígena e artificial, sob enorme estresse; que tenha um excelente controle das reações psicológicas (raiva, ódio, indecisão) e das funções corporais (considerando que até mesmo defecar pode demorar muito no espaço!).[60]

Nossas fragilidades, tão humanas, podem ser desastrosas no delicado mundo da vida no espaço. Ele exige absoluta obediência, conformidade e receptividade aos comandos. Pode haver pouca tolerância a diver-

---

60 Na ausência de gravidade, a atração das moléculas se porta de modo diferente, e fezes e urina tendem a grudar na pele. Para manter astronautas em órbita, a Estação Espacial Internacional (ISS) investiu 19 milhões de dólares em uma "privada de sucção". Em 2016, a Nasa lançou um "desafio do cocô espacial", oferecendo um prêmio de 30 mil dólares a cientistas que conseguissem desenvolver um sistema de coleta e descarte de resíduos humanos em trajes espaciais; ver "Space Poop Challenge", Nasa, 12 out. 2016. Disponível em: https://www.nasa.gov/feature/space-poop-challenge. [N.E.]

gências e discordâncias quando o ato mais ínfimo de sabotagem pode ter consequências catastróficas para o equipamento caro, complexo e poderoso confiado a mãos humanas. Os técnicos espaciais devem não apenas ter uma relação quase religiosa com suas máquinas; eles mesmos devem se tornar cada vez mais parecidos com máquinas, formando uma simbiose perfeita com os computadores que, nas longas noites no espaço, são muitas vezes seus únicos e mais confiáveis guias, seus companheiros, seus parceiros, seus amigos.

Os trabalhadores do espaço, portanto, devem ser indivíduos ascéticos, puros de corpo e alma, perfeitos em seu desempenho, obedientes como relógios exatos e extremamente fetichistas em suas maneiras de raciocinar. Onde joias assim podem ser criadas? Em uma seita religiosa fundamentalista. Nas palavras do biólogo Garrett Hardin:

> Qual grupo seria mais adequado para esse mais recente admirável mundo novo (a colônia espacial)? Provavelmente um grupo religioso. Deve haver unidade de pensamento e aceitação da disciplina. Mas os colonos não poderiam ser um bando de unitarianos ou quakers, pois essas pessoas consideram a consciência individual o melhor guia para a ação. A existência das colônias espaciais exigiria como habitantes algo mais parecido com os huteritas ou os mórmons [...]. A integração não poderia correr risco nessa delicada nave, por medo de sabotagem e terrorismo. Somente a "purificação" funcionaria. (Hardin *apud* Brand, 1977, p. 54)

Não surpreende que, alguns dias depois de aterrissarem, os primeiros astronautas de um ônibus espacial foram recebidos pelo élder Neal A. Maxwell, do Tabernáculo Mórmon. "Honramos hoje à noite os homens que viram Deus em toda a sua majestade e poder", disse ele, e a congregação de seis mil membros respondeu: "Amém".

Vista desse ângulo, a luta entre criacionismo e evolucionismo se apresenta como um debate interno do capitalismo para determinar os meios de controle mais adequados. Até que nossos biólogos sociais e engenheiros genéticos – os heróis do avanço científico de hoje – descubram como criar um robô perfeito, o chicote continuará a servir, particularmente em uma época ainda contaminada pelas ideologias anárquicas/subversivas dos anos 1960.

Além disso, a ascese, o autocontrole, a fuga da terra e do corpo – essência dos ensinamentos puritanos – são o melhor solo possível para o florescimento dos planos científicos e econômicos do capital. De uma maneira bastante consciente, em sua tentativa de se reposicionar em margens mais seguras, o capital está abraçando o sonho de toda religião: a superação de todas as fronteiras físicas, a redução dos seres humanos a criaturas semelhantes a anjos, pura alma e vontade.[61] Na criação do trabalhador eletrônico/espacial – o sacerdote da exploração científica do universo –, o capital está travando mais uma vez sua batalha histórica contra a matéria, tentando romper de uma única vez tanto as fronteiras da Terra quanto as da "natureza humana" que, em sua forma atual, apresentam limites irredutíveis que devem ser superados.

---

61 Sobre esse tema, ver Yurick (1985).

A organização planejada das indústrias no espaço e a desmaterialização do corpo caminham juntas. A primeira não pode ser realizada sem a remodelação de todo um nexo de necessidades, desejos e vontades, que são produto de bilhões de anos de evolução material no planeta e têm sido, até o momento, as condições concretas de nossa reprodução biossocial: os azuis, os verdes, o mamilo, as bolas, a textura das laranjas, a carne, as cenouras, os ventos e o cheiro do mar, a luz do dia, a necessidade de contato físico, o SEXO! Os perigos do desejo sexual são obstáculos emblemáticos que o capital encontra na tentativa de criar seres totalmente autocontrolados, capazes de passar noites e mais noites sozinhos, apenas conversando com o computador, com o pensamento centrado somente na tela. Você pode se dar ao luxo de ter tesão ou se sentir só no espaço? Você pode se dar ao luxo de ficar com ciúmes ou de ter uma crise conjugal?

A atitude correta a esse respeito é indicada por um relatório sobre a Estação Polo Sul, na Antártida, aparentemente instalada para estudar as condições meteorológicas, astronômicas e geográficas do polo, mas que na verdade funcionou como um centro de experimentação com humanos: o estudo de seres humanos em condições próximas às do espaço (isolamento por muitos meses, falta de contato sensual etc.). De acordo com o relatório:

Todos os candidatos foram advertidos sobre os "perigos" das ligações sexuais sob as condições sobrecarregadas daqui. O celibato era o melhor caminho [...]. Os homens só pensam em sexo nas primeiras semanas, depois o assunto fica submerso até praticamente o fim do inverno. [Relatou

um trabalhador:] "Você simplesmente esquece o assunto.
Você trabalha o tempo todo; não há privacidade."[62]

Celibato, abstinência: eis o último passo de um longo
processo pelo qual o capital diminuiu o conteúdo sensual e sexual de nossa vida, assim como os encontros
com pessoas, substituindo o toque físico pela imagem
mental. Séculos de disciplina capitalista chegaram ao
ponto de produzir indivíduos que se encolhem uns
diante dos outros por medo de serem tocados. (Observe
como vivenciamos os espaços sociais: ônibus, trens,
cada passageiro fechado no próprio espaço, mantendo
limites bem definidos, ainda que invisíveis, sendo cada
pessoa seu próprio castelo. Também passou a ser raro
que um médico nos toque, contando apenas com diag-
nósticos de exames laboratoriais.) Esse isolamento
físico e emocional uns dos outros, intensificado pela
comunicação via computadores e telefones celulares, é
a essência e a nova forma de cooperação capitalista. Mas
essa tendência à desmaterialização de todas as formas
de nossa vida culmina nos habitantes imaginados de
futuras colônias espaciais, cujo sucesso depende de sua
capacidade de se tornarem "anjos", que não necessitam
dos estímulos sensoriais que nos nutrem diariamente
na Terra, e são capazes de viver apenas se alimentando
de sua força de vontade autossuficiente e autocentrada.

---

62 "Strife and Despair at South Pole Illuminate Psychology of Isolation"
[Conflito e desespero no Polo Sul lança luz à psicologia do isolamento],
The New York Times, 12 jan. 1982.

A abstração da vida é igualada pela abstração da morte. Nas guerras de hoje, o corpo do inimigo é um pequeno sinal sonoro em uma tela, cuja destruição é tão simples quanto jogar um videogame. Também aqui uma formação religiosa – que divida a humanidade em eleitos e condenados – é crucial. Basta um pequeno passo para ir da aceitação da necessidade do fogo do inferno à aceitação da destruição de outros corpos – mesmo milhões em uma guerra nuclear – como meio de limpar a Terra de todo desvio social. Quebrar todos os laços entre nós e os outros e nos distanciar até de nosso próprio corpo é um primeiro passo. Temos assim a igreja eletrônica, que desmaterializa o pastor – que aparece como uma imagem em milhares de telas e um endereço para o qual enviar dinheiro, de modo que, supostamente, ele reze por você.

De fato, os sons e as imagens estão substituindo as relações sociais. Eles substituem os encontros humanos imprevisíveis por uma tecnossociabilidade que pode ser ativada e desativada segundo a vontade de cada um. Viver com a máquina – e se tornar cada vez mais parecido com uma – é essencial. O tipo ideal de ser humano é um anjo dessexualizado, que se movimenta nos interstícios da máquina, integrando perfeitamente o espaço de trabalho e o espaço de vida como na cápsula dos astronautas, sem peso por estar purificado da força da gravidade exercida pelos desejos e tentações humanas – a recusa ao trabalho finalmente abolida. O velho sonho de perfectibilidade humana do capital, que se tornou tão proeminente nas utopias dos séculos XVI e XVII, de Francis Bacon a René Descartes, parece estar prestes a ser realizado. Eis o que disse Wally Schirra, astronauta da Nasa que, em 1968, pilotou a espaçonave *Apollo 7*:

Sentir a falta de gravidade... Não sei, são tantas coisas juntas. Um sentimento de orgulho, de solidão saudável, de uma digna liberdade de tudo aquilo que é sujo, pegajoso. Sentir-se esplendidamente confortável, essa é a palavra, esplendidamente... Você se sente confortável e sente que tem tanta energia, tanta vontade de fazer as coisas, tanta capacidade de fazer coisas. E você trabalha bem, sim, você pensa bem, você se movimenta bem, sem suor, sem dificuldade, como se a maldição bíblica "no suor do teu rosto comerás o teu pão" não existisse mais. Como se você tivesse nascido de novo.[63]

Não se admira que o capital seja tão negligente com nosso lar terrestre e tão disposto a destruí-lo com explosões nucleares — a encarnação perfeita da vitória do espírito sobre a matéria terrena —, tão criativo quanto o primeiro ato de Deus! O Big Bang, o Grande Falo reduzido à sua essência faminta de poder, desmembrando a Terra de humanidade em sua aspiração divina por se libertar de todas as limitações. Fausto vestindo um terno de astronauta/operário espacial, um super-homem que não precisa de corpo nenhum, determinado a seguir a própria vontade, não apenas na Terra, mas também no universo.

Uma sociedade de anjos motivados por preocupações religioso-patrióticas. A aventura da colonização do espaço não será uma "Nova América", no entanto, no sentido de ser um solo povoado por náufragos, servos não remunerados e escravizados. A necessidade de

---

63 Walter M. Schirra Jr. em transmissão televisiva feita da *Apollo 7*, no espaço, em outubro de 1968.

total identificação com o projeto de trabalho, total obediência, total autodisciplina e autocontrole é tão alta que, segundo a Nasa, até mesmo as antigas formas de recompensa devem ser descartadas: "O incentivo econômico não deve ser usado para recrutar trabalhadores para a colonização espacial, porque isso atrairia as pessoas erradas" (Johnson & Holbrow, 1977, p. 31). Trabalhar sem salário. Eis a derradeira utopia capitalista: que o trabalho em si seja sua própria recompensa, e todos aqueles que o recusam sejam expulsos para a noite fria e estelar. O capitalismo finalmente atingiu seu objetivo e seu limite.

EM LOUVOR AO CORPO QUE DANÇA

A história do corpo é a história dos seres humanos, pois não existe uma prática cultural que não seja aplicada primeiro ao corpo. Mesmo que nos limitemos a falar dessa história no capitalismo, enfrentamos uma tarefa extremamente pesada, uma vez que as técnicas utilizadas para disciplinar o corpo, em constante mutação, têm se mostrado extenuantes, dependendo das mudanças nos diferentes regimes laborais aos quais nosso corpo foi submetido.

É possível reconstruir uma história do corpo por meio da descrição das diferentes formas de repressão que o capitalismo ativou contra ele. Decidi, porém, não escrever a partir dessa perspectiva, e sim pensando o corpo como um terreno de resistência, ou seja, o corpo e seus poderes — o poder de agir, de se transformar — e como um limite à exploração.

Ao insistir no corpo como algo socialmente construído e performativo, perdemos algumas coisas de vista. Entendê-lo como uma produção social (discursiva) escondeu o fato de que nosso corpo é um receptáculo de poderes, capacidades e resistências que foram desenvolvidos em um longo processo de coevolução com nosso ambiente natural e em práticas intergeracionais, que fizeram dele um limite natural à exploração.

Por corpo como "limite natural" me refiro à estrutura de necessidades e desejos criados em nós não apenas por nossas decisões conscientes ou práticas coletivas, mas também por milhões de anos de evolução material: a necessidade do sol, do céu azul, do verde das árvores, do cheiro da floresta e do oceano, a necessidade de tocar, cheirar, dormir, fazer amor.

Essa estrutura acumulada de necessidades e desejos — que por milhares de anos tem sido a condição de nossa reprodução social — estabeleceu limites à nossa exploração e é algo que o capitalismo tem lutado incessantemente para superar.

O capitalismo não foi o primeiro sistema baseado na exploração do trabalho humano. No entanto, mais do que qualquer outro sistema da história, ele tentou criar um mundo econômico no qual o trabalho é o princípio mais essencial da acumulação. Como tal, foi o primeiro a fazer da regulamentação e da mecanização do corpo uma premissa para o acúmulo de riqueza. De fato, uma das principais tarefas sociais do capitalismo desde seu início até os dias de hoje tem sido a transformação de nossa energia e nossa força corporal em força de trabalho.

Em *Calibã e a bruxa* (2004 [2023]), analisei as estratégias empregadas pelo capitalismo para realizar essa tarefa e remodelar a natureza humana, da mesma forma que tentou remodelar a terra para torná-la mais produtiva e transformar os animais em fábricas vivas. Tratei da batalha histórica que o capitalismo travou contra o corpo, contra nossa materialidade, e das muitas instituições que criou com esse propósito: a lei, o chicote, a regulamentação da sexualidade, assim como uma série de práticas sociais que redefiniram nossa relação com o espaço, com a natureza e uns com os outros.

O capitalismo nasceu ao separar as pessoas da terra, e sua primeira tarefa foi tornar o trabalho independente das estações do ano e prolongar o dia de trabalho além dos limites da nossa resistência. Em geral, enfatizamos o aspecto econômico desse processo, a dependência econômica das relações monetárias que o capitalismo criou e seu papel na formação de um proletariado assalariado. O que nem sempre observamos é o que a nossa separação da terra e da natureza significou para nosso corpo, que foi empobrecido e privado dos poderes que as populações pré-capitalistas lhe atribuíam.

A natureza, como reconheceu Marx (1988, p. 75-6 [2004, p. 84]), é nosso "corpo inorgânico", e houve um tempo em que éramos capazes de ler os ventos, as nuvens e as mudanças nas correntes de rios e mares. Nas sociedades pré-capitalistas, as pessoas pensavam que tinham o poder de voar, de ter experiências fora do corpo, de se comunicar, de falar com os animais, de assumir seus poderes e até mesmo de mudar de forma. Também pensavam que podiam estar em mais de um lugar ao mesmo tempo e, por exemplo, voltar da morte para se vingar de seus inimigos.

Nem todos esses poderes eram imaginários. O contato diário com a natureza foi fonte de uma grande quantidade de conhecimento refletido na revolução alimentar que ocorreu especialmente nas Américas antes da colonização, ou na revolução das técnicas de navegação à vela. Sabemos hoje, por exemplo, que as populações polinésias costumavam viajar em alto-mar à noite apenas com o corpo como bússola, já que sabiam reconhecer nas vibrações das ondas as diferentes maneiras de direcionar os barcos para a costa.

A fixação no espaço e no tempo tem sido uma das técnicas mais elementares e persistentes usadas pelo capitalismo para se apoderar do corpo. Consideremos os ataques a vagabundos, migrantes e desabrigados ao longo da história. A mobilidade é uma ameaça se não é perseguida por razões de trabalho, pois faz circular conhecimento, experiências e lutas. No passado, os instrumentos de contenção eram o chicote, as correntes, o tronco, a mutilação, a escravidão. Hoje, além do chicote e dos centros de internação, temos a vigilância digital e a ameaça periódica de epidemias, como a gripe aviária, como meio de controlar o nomadismo.

A mecanização – a transformação do corpo, masculino e feminino, em uma máquina – tem sido um dos objetivos mais implacáveis do capitalismo. Os animais também são transformados em máquinas, para que as porcas possam dobrar sua prole, para que as galinhas produzam fluxos ininterruptos de ovos – enquanto as improdutivas são moídas – e para que os bezerros sejam levados ao matadouro antes mesmo que aprendam a ficar em pé. Não há como listar aqui todas as formas por meio das quais se deu a mecanização do corpo. Basta dizer que as técnicas de captura e dominação se transformaram, dependendo do regime de trabalho dominante e das máquinas que serviram como modelo para o corpo.

Assim, vemos que, nos séculos XVI e XVII (a era da manufatura), o corpo foi imaginado e disciplinado de acordo com o modelo de máquinas simples, como a bomba-d'água e a alavanca. Foi esse o regime que culminou no taylorismo, o estudo de tempos e movimentos no qual cada movimento era calculado e todas as energias eram canalizadas para a tarefa em questão. A resistência aqui era imaginada sob a forma de inércia, com o corpo retratado como um animal burro, um monstro resistente às ordens.

No século XIX, temos, em vez disso, uma concepção do corpo e de técnicas disciplinares modeladas com base no motor a vapor: a produtividade calculada em termos de entrada e saída, e a *eficiência* como palavra-chave. Sob esse regime, o disciplinamento do corpo era realizado através de restrições alimentares e do cálculo das calorias necessárias para um corpo que trabalha. Nesse contexto, o ápice foi a tabela nazista que especificava de quantas calorias cada tipo de trabalhador precisava. O inimigo aqui era a dispersão de energia, a entropia, o desperdício, a desordem. Nos Estados Unidos, a história dessa nova economia política começou na década de 1880, com o ataque às tavernas e a reformulação da vida familiar, tendo como centro a dona de casa em tempo integral, concebida como um dispositivo refratário à entropia, sempre de plantão, pronta para repor a refeição consumida, dar banho nos corpos sujos e costurar as roupas que insistiam em se rasgar.

Em nossa época, os modelos do corpo são o computador e o código genético, que criam um corpo desmaterializado e desagregado, imaginado como um conglomerado de células e genes, cada um com seu próprio programa, despreocupado com o resto e o bem do corpo como um todo. Trata-se da teoria do "gene egoísta" — a ideia de que o corpo é feito de células e genes individualistas, cada um seguindo um programa próprio, uma metáfora perfeita da concepção neoliberal da vida, na qual o domínio do mercado se volta não só contra a solidariedade de grupo, mas também contra a solidariedade dentro de nós mesmos. Seguindo essa mesma lógica, o corpo se desintegra em um conglomerado de genes egoístas, cada um lutando para atingir seus objetivos egoístas, indiferente ao interesse do resto.

À medida que internalizamos essa visão, internalizamos a mais profunda experiência de autoalienação, já que enfrentamos não apenas uma grande besta que não obedece às nossas ordens, mas também uma série de microinimigos plantados diretamente em nosso próprio corpo, prontos para nos atacar a qualquer momento. As indústrias foram construídas com base no medo gerado por essa concepção de corpo, que nos põe à mercê de forças que não controlamos. Inevitavelmente, se internalizamos essa visão, passamos a não gostar de nós mesmos. Na verdade, nosso corpo nos assusta, e não o escutamos. Não ouvimos o que ele quer, mas passamos a atacá-lo com todas as armas que a medicina pode oferecer: radiação, colonoscopia, mamografia, todas armas que travam uma longa batalha contra o corpo – e nós, em vez de tirarmos o corpo da linha de fogo, contribuímos para a ofensiva contra ele. Assim, estamos preparados para aceitar um mundo que transforma partes corporais em produtos para um mercado e para ver nosso corpo como um repositório de doenças: o corpo como peste, o corpo como fonte de epidemias, o corpo sem razão.

Nossa luta, então, deve começar pela reapropriação de nosso corpo, a revalorização e a redescoberta de sua capacidade de resistência, a expansão e a celebração de seus poderes, individuais e coletivos.

A dança é central para essa reapropriação. Em essência, o ato de dançar é uma investigação e uma invenção do que um corpo é capaz de fazer: de suas capacidades, de suas linguagens, de como ele articula os esforços do nosso ser. Cheguei à conclusão de que existe uma filosofia na dança, pois ela imita os processos pelos quais nos relacionamos com o mundo, nos conectamos com outros corpos, transformamos a nós mesmos e o espaço ao nosso redor. Com a dança, aprendemos que a matéria não é estúpida, não é cega, não é mecânica, mas tem seus ritmos, sua linguagem, e é autoativada e auto-organizada. Nosso corpo tem razões que precisamos aprender, redescobrir, reinventar. Precisamos escutar sua linguagem como caminho para nossa saúde e nossa cura, assim como precisamos escutar a linguagem e os ritmos do mundo natural como caminho para a saúde e a cura da terra. Uma vez que o poder de ser afetado e de realizar, de ser movido e de se mover — uma capacidade indestrutível, que se esgota apenas com a morte — é constitutivo do corpo, há nele uma política imanente: a capacidade de transformar a si mesmo, aos outros, e de mudar o mundo.

POSFÁCIO

SOBRE A MILITÂNCIA ALEGRE

O princípio da militância alegre é o seguinte: se a nossa política não for libertadora, se não puder mudar nossa vida de uma maneira positiva, se não nos fizer crescer, se não nos der alegria, há alguma coisa de errado com ela.

A política triste muitas vezes vem de um senso exagerado do que podemos fazer por nós mesmos, individualmente, o que nos leva ao hábito de nos sobrecarregarmos. Isso me faz pensar nas metamorfoses de Friedrich Nietzsche em *Assim falou Zaratustra*, no qual ele descreve o camelo como uma besta de carga, a encarnação do espírito da gravidade. O camelo é o protótipo dos militantes que estão sempre encarregados de enormes quantidades de trabalho, porque pensam que o destino do mundo depende deles. Os heroicos militantes stakhanovistas[64] estão sempre tristes, porque tentam fazer tanto que nunca estão totalmente presentes no que estão fazendo, nunca estão totalmente presentes na própria vida e não conseguem apreciar as possibilidades transformadoras de seu trabalho político. Quando trabalhamos dessa forma, também ficamos frustrados,

---

64 Referência ao stakhanovismo, movimento criado na União Soviética nos anos 1930 pelo mineiro Alexei Stakhanov, baseado no aumento da produtividade operária, no trabalho duro e na eficiência. [N.E.]

porque não somos transformados pelo que fazemos e não temos tempo para mudar nossas relações com as pessoas com as quais estamos trabalhando.

O erro é estabelecer objetivos que não podemos alcançar, além de estar sempre lutando "contra", em vez de tentar construir alguma coisa. Querer construir significa estar voltado para o futuro, enquanto uma política alegre já se faz construtiva no presente. Atualmente há mais pessoas que se dão conta disso. Nós não podemos colocar nossos objetivos em um futuro que está constantemente recuando. Precisamos estabelecer metas que possamos alcançar em parte também no presente, embora nosso horizonte deva ser obviamente mais amplo. Ser politicamente ativo deve mudar de modo positivo nossa vida e nossas relações com as pessoas ao nosso redor. A tristeza bate quando adiamos continuamente o que deve ser alcançado para um futuro que nunca vemos chegar, e, como resultado, ficamos cegos para as possibilidades do presente.

Também me oponho à noção de autossacrifício. Não acredito no sacrifício, se isso significa que temos de nos reprimir, de fazer coisas que vão contra nossas necessidades, nossos desejos, nosso potencial. Isso não quer dizer que o trabalho político não possa causar sofrimento. Mas há uma diferença entre sofrer porque alguma coisa que decidimos fazer tem consequências dolorosas – como enfrentar a repressão, ver pessoas importantes para nós sofrendo – e se sacrificar, o que significa fazer alguma coisa contra nosso desejo e nossa vontade somente porque pensamos que é nosso dever. Isso deixa as pessoas descontentes e insatisfeitas. Fazer um trabalho político deve ser curativo. Deve nos dar força, visão, aumentar nosso senso de solidariedade e nos fazer perceber como dependemos uns dos outros. Ser capaz de politizar a própria dor, de transformá-la em uma fonte de conhecimento, em alguma coisa que nos ligue a outras pessoas – tudo isso tem poder curativo. É algo que "empodera" (uma palavra que, no entanto, passou a me desagradar).

Acredito que a esquerda radical muitas vezes fracassa quando se trata de atrair as pessoas, porque não presta atenção ao lado reprodutivo do trabalho político – jantares em grupo, canções que fortalecem nosso sentido de coletividade, as relações afetivas que desenvolvemos entre nós. Os povos indígenas das Américas nos ensinam, por exemplo, como as festas são importantes não apenas como meios de recreação, mas também de construção de solidariedade, de ressignificação de nosso afeto e responsabilidade mútuos. Eles nos ensinam a importância das atividades que aproximam as pessoas, que nos fazem sentir o calor da solidariedade e construir confiança entre nós. Portanto, eles levam muito a sério a organização de festas. Apesar de todas as suas limitações, as antigas organizações de trabalhadores cumpriam essa função, construindo centros aonde os trabalhadores (homens) iam depois do expediente, para beber um copo de vinho, encontrar os camaradas, ouvir as últimas notícias e discutir planos de ação. Dessa forma, a política criou uma família estendida, garantiu-se a transmissão do conhecimento entre as diferentes gerações, e a própria política adquiriu um significado diferente. Essa não tem sido a cultura da esquerda, pelo menos nos nossos tempos, e é daí que muitas vezes vem a tristeza. O trabalho político deveria mudar nossas relações com as pessoas, fortalecer as conexões entre nós, nos dar coragem para que saibamos que não estamos enfrentando o mundo sozinhos.

Prefiro falar de alegria, não de felicidade. Prefiro a alegria porque ela é uma paixão ativa. Não é um estado de estagnação do ser. Não é uma satisfação com as coisas como elas são. É sentir nossos poderes, ver nossas capacidades crescendo em nós mesmos e nas pessoas ao nosso redor. Esse sentimento vem de um processo de transformação. Significa, na linguagem de Espinosa, que compreendemos a situação em que nos encontramos e estamos nos movendo de acordo com o que é exigido de nós em dado momento, de modo que sentimos que temos o poder de mudar e estamos mudando, juntamente com outras pessoas. Não se trata de se conformar ao que existe.

Espinosa fala de alegria como algo que vem da razão e da compreensão. Um passo importante nesse sentido é entender que chegamos ao movimento com muitas cicatrizes. Todos nós carregamos as marcas da vida em uma sociedade capitalista. É por isso, na verdade, que queremos lutar, mudar o mundo. Não haveria necessidade disso se nessa sociedade já pudéssemos ser seres humanos perfeitos — o que quer que isso signifique. Mas com frequência ficamos desapontados porque imaginamos que deveríamos encontrar apenas relações harmoniosas no movimento e, pelo contrário, muitas vezes encontramos ciúmes, difamação, relações de poder desiguais.

No movimento de mulheres, também podemos experimentar relações dolorosas e decepcionantes. De fato, é nos grupos e nas organizações de mulheres que estamos mais suscetíveis a vivenciar as mais profundas decepções e dores. É previsível que fiquemos desapontadas e sejamos traídas por homens, mas não esperamos isso das mulheres, nem imaginamos que, como mulheres, também podemos machucar umas às outras, nos sentir desvalorizadas, invisíveis, ou fazer outras mulheres se sentirem assim. Há obviamente momentos em que, por trás dos conflitos pessoais, existem diferenças políticas não reconhecidas e talvez insuperáveis. Mas também é possível que nos sintamos traídas e magoadas porque pressupomos que estar em um movimento radical – e sobretudo em um movimento feminista – seja uma garantia de libertação de todas as feridas que carregamos no corpo e na alma. Portanto, baixamos nossa defesa de uma forma que nunca faríamos nas nossas relações pessoais com os homens ou em organizações mistas. Inevitavelmente a tristeza se instala, e às vezes a ponto de decidirmos partir. Com o tempo, aprendemos que a mesquinhez, os ciúmes, as vulnerabilidades excessivas que muitas vezes encontramos nos movimentos de mulheres são frequentemente parte da distorção criada pela vida em uma sociedade capitalista. Faz parte de nosso crescimento político aprender a identificá-las e não deixar que elas nos destruam.

CRÉDITOS DAS IMAGENS

Capa e p. 158-60
Gravura vitoriana com mulheres africanas dançando.
ANTIQUEIMAGESDOTNET / 123RF

Contracapa e p. 6
Montagem com imagens de folhas, flores e frutos da cabaça (*Lagenaria sp.*).
SIDNEY SCHUNCK / EDITORA ELEFANTE

p. 10
Pessoas à sombra de um baobá, gravura, *c.* 1870.
GRAFISSIMO / ISTOCKPHOTO

p. 17-8
Indústrias na Inglaterra, gravura, *c.* 1880.
INTERFOTO / ALAMY STOCK PHOTO

p. 65-6
Moradia na África Central no século XIX, gravura publicada em *Le Tour du Monde* (1860).
ANTONIO ABRIGNANI / 123RF

p. 101-2
Moenda em Cabília, na Argélia, gravura publicada em *Le Tour du Monde* (1867).
ANTONIO ABRIGNANI / 123RF

REFERÊNCIAS

ACTON, William. *Prostitution*. Nova York: Praeger, 1969 [1857].

APFEL, Alana. *Birth Work as Care Work: Stories from Activist Birth Communities*. Oakland: PM Press, 2016.

ARDITTI, Rita; KLEIN, Renate & MINDEN, Shelley (org.). *Test-Tube Women: What Future for Motherhood?* Londres: Pandora, 1984.

BAGGESEN, Lise Haller. *Mothernism*. Chicago: Green Lantern Press, 2014.

BARNES, Barry & SHAPIN, Steven (org.). *Natural Order: Historical Studies of Scientific Culture*. Beverly Hills: Sage, 1979.

BEAUVOIR, Simone de. *The Second Sex*. Nova York: Vintage, 1989. [Ed. bras.: O *segundo sexo*, v. 2, *A experiência vivida*. Trad. Sérgio Milliet. 3. ed. Rio de Janeiro: Nova Fronteira, 2016.]

BECKLES, Hilary McD. *Natural Rebels: A Social History of Enslaved Black Women in Barbados*. New Brunswick: Rutgers University Press, 1989.

BENJAMIN, Ruha (org.). *Captivating Technology: Race, Carceral Technoscience, and Liberatory Imagination in Everyday Life*. Durham: Duke University Press, 2019.

BERARDI, Franco. *Precarious Rhapsody: Semiocapitalism and Pathologies of the Post-Alpha Generation*. Londres: Minor Composition, 2009a.

BERARDI, Franco. *The Soul at Work: From Alienation to Autonomy*. Los Angeles: Semiotext(e), 2009b.

BERNASCONI, Robert. "Who Invented the Concept of Race?". *In*: BERNASCONI, Robert (org.). *Race*. Malden: Blackwell, 2001, p. 11-36.

BORDO, Susan. *Unbearable Weight: Feminism, Western Culture and the Body*. Berkeley: University of California Press, 1993.

BOSTON WOMEN'S HEALTH BOOK COLLECTIVE. *Our Bodies, Ourselves: A Book by and for Women*. Nova York: Simon & Schuster, 1976 [1971].

BOWRING, Finn. *Science, Seeds, and Cyborgs: Biotechnology and the Appropriation of Life*. Londres: Verso, 2003.

BRAND, Stewart (org.). *Space Colonies*. Nova York: Penguin, 1977.

BRASLOW, Joel. "Therapeutic Effectiveness and Social Context: The Case of Lobotomy in a California State Hospital, 1947-1954", *Western Journal of Medicine*, v. 170, n. 5, p. 293-6, jun. 1999.

BRAVERMAN, Harry. *Labor and Monopoly Capital: The Degradation of Work in the Twentieth Century*. Nova York: Monthly Review, 1974. [Ed. bras.: *Trabalho e capital monopolista: a degradação do trabalho no século XX*. Trad. Nathanael C. Caixeiro. 3. ed. Rio de Janeiro: Guanabara, 1987.]

BRIGGS, Laura. *Reproducing Empire: Race, Sex, Science, and U.S. Imperialism in Puerto Rico*. Berkeley: University of California Press, 2002.

BROWN, James A. C. *The Social Psychology of Industry*. Londres: Pelican, 1954.

BROWN, Jenny. *Birth Strike: The Hidden Fight over Women's Work*. Oakland: PM Press, 2018.

BUTCHART, Alexander. *The Anatomy of Power: European Constructions of the African Body*. Londres: Zed, 1998.

BUTLER, Judith. *Gender Trouble: Feminism and the Subversion of Identity*. Nova York: Routledge, 1992. [Ed. bras.: *Problemas de gênero: feminismo e subversão da identidade*. Trad. Renato Aguiar. Rio de Janeiro: Civilização Brasileira, 2003.]

BUTLER, Judith. *Bodies That Matter: On the Discursive Limits of Sex*. Nova York: Routledge, 1993. [Ed. bras.: *Corpos que importam: os limites discursivos do "sexo"*. Trad. Veronica Daminelli e Daniel Yago Françoli. São Paulo: n-1/Crocodilo, 2020.]

BUTLER, Judith. *Undoing Gender*. Nova York: Routledge, 2004. [Ed. bras.: *Desfazendo gênero*. Trad. Victor Galdino *et al*. São Paulo: Editora Unesp, 2022.]

CAFFENTZIS, George. *Exciting the Industry of Mankind: George Berkeley's Philosophy of Money*. Dortrecht: Kluwer, 2000.

CAFFENTZIS, George. *In Letters of Blood and Fire: Work, Machines, and the Crisis of Capitalism*. Oakland: PM Press, 2012.

CAFFENTZIS, George. *Civilizing Money: Hume, his Monetary Project, and the Scottish Enlightenment*. Londres: Pluto, 2021.

CARLSSON, Chris. *Nowtopia: How Pirate Programmers, Outlaw Bicyclists, and Vacant-Lot Gardeners Are Inventing the Future Today*. Oakland: AK Press, 2008. [Ed. bras.: *Nowtopia: iniciativas que estão construindo o future hoje*. Porto Alegre: Tomo, 2014.]

CONNELLY, Matthew. *Fatal misconception: The Struggle to Control World Population*. Cambridge: Harvard University Press, 2008.

COREA, Gena. *The Mother Machine: Reproductive Technologies from Artificial Insemination to Artificial Wombs*. Nova York: Harper & Row, 1979.

COTT, Nancy. *Root of Bitterness: Documents of the Social History of American Women*. Nova York: E. P. Dutton, 1972.

DANNA, Daniela. *Contract Children: Questioning Surrogacy*. Stuttgart: Ibidem, 2015.

DANNA, Daniela. *Il peso dei numeri: teorie e dinamiche della popolazione*. Trieste: Asterios, 2019.

DANNER, Mona J. E. "Three Strikes and It's Women Who Are Out: The Hidden Consequences for Women of Criminal Justice Policy Reforms". *In*: MURASKIN, Roslyn (org.). *It's a Crime: Women and Justice*. 5. ed. Boston: Prentice Hall, 2012, p. 354-64.

DAVIS, Angela. "Surrogates and Outcast Mothers: Racism and Reproductive Policies in the Nineties". *In*: JAMES, Joy (org.). *The Angela Y. Davis Reader*. Malden: Blackwell, 1998, p. 210-21.

DELEUZE, Gilles. *Negotiations: 1972-1990*. Nova York: Columbia University Press, 1997. [Ed. bras.: *Conversações (1972-1990)*. Trad. Peter Pál Pelbart. São Paulo: Editora 34, 2008.]

DIEPENBROCK, Chloé. "God Willed It! Gynecology at the Checkout Stand: Reproductive Technology in the Women's Service Magazine, 1977-1996". *In*: LAY, Mary M. *et al.* (org.). *Body Talk: Rhetoric, Technology, Reproduction*. Madison: University of Wisconsin Press, 2000, p. 98-121.

EHRENREICH, Barbara. "Welcome to Cancerland: A Mammogram Leads to a Cult of Pink Kitsch", *Harper's Magazine*, p. 43-53, nov. 2001.

EHRENREICH, Barbara. *Natural Causes: An Epidemic of Wellness, the Certainty of Dying, and Killing Ourselves to Live Longer*. Nova York: Hachette Book Group, 2018.

EHRENREICH, Barbara & ENGLISH, Deirdre. *Witches, Midwives and Nurses: A History of Women Healers*. 2. ed. Nova York: The Feminist Press at Cuny, 2010 [1973].

FANON, Frantz. *Black Skin, White Masks*. Nova York: Grove Press, 1967. [Ed. bras.: *Pele negra, máscaras brancas*. Trad. Sebastião Nascimento e Raquel Camargo. São Paulo: Ubu, 2020.]

FAUSTO-STERLING, Anne. *Sexing the Body: Gender Politics and the Construction of Sexuality*. Boston: Basic Books, 2000.

FEDERICI, Silvia. *Caliban and the Witch: Women, the Body and Primitive Accumulation*. Brooklyn: Autonomedia, 2004. [Ed. bras.: *Calibã e a bruxa: mulheres, corpo e acumulação primitiva*. Trad. Coletivo Sycorax. 2. ed. São Paulo: Elefante, 2023.]

FEDERICI, Silvia. *Revolution at Point Zero: Reproduction, Housework and Feminist Struggle*. Oakland: PM Press, 2012. [Ed. bras.: *O ponto zero da revolução: trabalho doméstico, reprodução e luta feminista*. Trad. Coletivo Sycorax. São Paulo: Elefante, 2019.]

FEDERICI, Silvia. *Witches, Witch-Hunting, and Women*. Oakland: PM Press, 2018. [Ed. bras.: *Mulheres e caça às bruxas: da Idade*

Média aos dias atuais. Trad. Heci Regina Candiani. São Paulo: Boitempo, 2019.]

FIRESTONE, Shulamith. *The Dialectic of Sex: The Case for Feminist Revolution*. Londres: Woman's Press, 1970. [Ed. bras.: *A dialética do sexo: um estudo da revolução feminista*. Trad. Vera Regina Rabelo Terra. Rio de Janeiro: Labor do Brasil, 1976.]

FOUCAULT, Michel. *A History of Sexuality*, v. 1, *An Introduction*. Nova York: Penguin, 1978. [Ed. bras.: *História da Sexualidade*, v. 1, *A vontade de saber*. Trad. Maria Thereza da Costa Albuquerque e J. A. Guilhon Albuquerque. 9. ed. Rio de Janeiro: Paz e Terra, 2019.]

FOUCAULT, Michel. *Discipline and Punish: The Birth of the Prison*. Nova York: Vintage, 1979. [Ed. bras.: *Vigiar e punir: nascimento da prisão*. Trad. Raquel Ramalhete. 38. ed. Petrópolis: Vozes, 2010.]

FOX, Meg. "Unreliable Allies: Subjective and Objective Time in Childbirth". *In*: FORMAN, Frieda Johles & SOWTON, Caoran (org.). *Taking Our Time: Feminist Perspectives on Temporality*. Oxford: Pergamon, 1989, p. 123-35.

FREUD, Sigmund. "'Civilized' Sexual Morality and Modern Nervousness". *In*: FREUD, Sigmund. *Sexuality and the Psychology of Love*. Nova York: Collier, 1973. [Ed. bras.: "Moral sexual 'civilizada' e doença nervosa moderna". *In*: FREUD, Sigmund. *Edição standard brasileira das obras psicológicas completas de Sigmund Freud*, v. 9, *"Gradiva" de Jensen e outros trabalhos (1906-1908)*. Rio de Janeiro: Imago, 1976.]

GARGALLO CELENTANI, Francesca. *Feminismo desde Abya Yala: ideas y proposiciones de las mujeres de 607 pueblos en nuestra América*. Buenos Aires: América Libre/Chichimora, 2013.

GINSBURG, Faye D. & RAPP, Rayna (org.). *Conceiving the New World Order: The Global Politics of Reproduction*. Berkeley: University of California Press, 1995.

GUATTARI, Félix. "To Have Done with the Massacre of the Body". *In*: GUATTARI, Félix. *Chaosophy: Texts and Interviews (1972-1977)*. Org.

Silvère Lotringer. Trad. David L. Sweet, Jerred Becker e Taylor Adkins. Nova York: Semiotext(e), 2009.

HALEY, Sarah. *No Mercy Here: Gender, Punishment, and the Making of Jim Crow Modernity*. Chapel Hill: University of North Carolina Press, 2016.

HANMER, Jalna. "Reproductive Technology: The Future for Women?". *In*: ROTHSCHILD, Joan (org.). *Machina Ex Dea: Feminist Perspectives on Technology*. Nova York: Pergamon, 1983, p. 183-97.

HARAWAY, Donna J. "Cyborg Manifesto". *In*: *Simians, Cyborgs, and Women: The Reinvention of Nature*. Nova York: Routledge, 1991. [Ed. bras.: "Manifesto ciborgue: ciência, tecnologia e feminismo-socialista no final do século XX". *In*: HARAWAY, Donna J. & KUNZRU, Hari. *Antropologia do ciborgue: as vertigens do pós--humano*. Org. e trad. Tomaz Tadeu. 2. ed. Belo Horizonte: Autêntica, 2009.]

HARCOURT, Wendy. *Body Politics in Development*. Londres: Zed, 2009.

HARRIS, Wess (org.). *Written in Blood: Courage and Corruption in the Appalachian War of Extraction*. Oakland: PM Press, 2017.

HARTMANN, Betsy. *Reproductive Rights and Wrongs: The Global Politics of Population Control*. Boston: South End Press, 1995.

HOBBES, Thomas. *Leviathan*. Londres: Crooke, 1651. [Ed. bras.: *Leviatã: ou matéria, forma e poder de uma república eclesiástica e civil*. Trad. João Paulo Monteiro e Maria Beatriz Nizza da Silva. São Paulo: Martins Fontes, 2003.]

HOOKS, bell. *Ain't I a Woman: Black Women and Feminism*. Boston: South End Press, 1981. [Ed. bras.: *E eu não sou uma mulher? Mulheres negras e feminismo*. Trad. Bhuvi Libanio. Rio de Janeiro: Rosa dos Tempos, 2019.]

HOOKS, bell. *Talking Back: Thinking Feminist, Thinking Black*. Toronto/Boston: South End Press, 1988. [Ed. bras.: *Erguer a voz: pensar como feminista, pensar como negra*. Trad. Catia Maringolo. São Paulo: Elefante, 2019.]

HOOKS, bell. *Yearning: Race, Gender, and Cultural Politics*. Boston: South End Press, 1990. [Ed. bras.: *Anseios: raça, gênero e políticas culturais*. Trad. Jamille Pinheiro Dias. São Paulo: Elefante, 2019.]

HORNBLUM, Allen M.; NEWMAN, Judith L. & DOBER, Gregory J. *Against Their Will: The Secret History of Medical Experimentation on Children in Cold War America*. Nova York: St. Martin's Press, 2013.

JOHLES FORMAN, Frieda & SOWTON, Caoran (org.). *Taking Our Time: Feminist Perspectives on Temporality*. Nova York: Pergamon, 1989.

JOHNSON, Richard & HOLBROW, Charles H. (org.). *Space Settlements: A Design Study*. Washington: Nasa Scientific and Technical Information Office, 1977.

JONES, James H. *Bad Blood: The Tuskegee Syphilis Experiment*. Nova York: Free Press, 1993 [1981].

JONES, Jesse. *Tremble, Tremble/Tremate, Tremate*. Dublin/Milão: Project Press/Mousse Publishing, 2017.

KLINE, Michael. "Behind the Coal Curtain: Efforts to Publish the Esau Story in West Virginia". *In*: HARRIS, Wess (org.). *Written in Blood: Courage and Corruption in the Appalachian War of Extraction*. Oakland: PM Press, 2017a, p. 27-30.

KLINE, Michael. "The Rented Girl: A Closer Look at the Women in the Coalfields". *In*: HARRIS, Wess (org.). *Written in Blood: Courage and Corruption in the Appalachian War of Extraction*. Oakland: PM Press, 2017b, p. 38-45.

KLINE, Michael & KLINE, Carrie. "Esau in the Coalfields: Owing Our Souls to the Company Store". *In*: HARRIS, Wess (org.). *Written in Blood: Courage and Corruption in the Appalachian War of Extraction*. Oakland: PM Press, 2017, p. 5-25.

KOMAROVSKY, Mirra. *Blue-Collar Marriage*. Nova York: Vintage, 1967.

KRAFT-EBING, Richard von. *Psychopathia Sexualis: Contrary Sexual Instinct — A Medico-Legal Study*. Trad. Charles Gilbert Chaddock. Filadélfia: The F. A. Davis Company, 1894 [1886].

LAQUEUR, Thomas. *Making Sex: Body and Gender from the Greeks to Freud*. Cambridge: Harvard University Press, 1990. [Ed. bras.: *Inventando o sexo: corpo e gênero dos gregos a Freud*. Trad. Vera Whately. Rio de Janeiro: Relume Dumará, 2001.]

LAY, Mary M. *et al.* (org.). *Body Talk: Rhetoric, Technology, Reproduction*. Madison: University of Wisconsin Press, 2000.

LE SUEUR, Meridel. *Women on the Breadlines*. Mineápolis: West End Press, 1984 [1977].

LEFLOURIA, Talitha L. *Chained in Silence: Black Women and Convict Labor in the New South*. Chapel Hill: University of North Carolina Press, 2016.

LEVIDOW, Les & ROBINS, Kevin. *Cyborg World: The Military Information Society*. Londres: Free Association Books, 1989.

LINEBAUGH, Peter. *The London Hanged: Crime and Civil Society in the 18th Century*. Cambridge: Cambridge University Press, 1992.

LOCKE, John. *An Essay Concerning Human Understanding*, v. 1. Nova York: Dover, 1959 [1689]. [Ed. port.: *Ensaio sobre o entendimento humano*, v. 1. Trad. Eduardo Abranches de Soveral. Lisboa: Fundação Calouste Gulbenkian, 2014.]

LOMBROSO, Cesare & FERRERO, Guglielmo. *Criminal Woman, the Prostitute, and the Normal Woman*. Durham: Duke University Press, 2004 [1983].

LYUBOMIRSKY, Sonja; KING, Laura & DIENER, Ed. "The Benefits of Frequent Positive Effect: Does Happiness Lead to Success?", *Psychological Bulletin*, v. 131, n. 6, p. 803-55, 2005.

MAC, Juno & SMITH, Molly. *Revolting Prostitutes: The Fight for Sex Workers' Rights*. Londres: Verso, 2018.

MARSHALL, Alfred. *Principles of Economics*. Filadélfia: Porcupine Press, 1990 [1890]. [Ed. bras.: *Princípios de economia*. Trad. Rômulo Almeida e Ottolmy Strauch. São Paulo: Nova Cultural, 1996 (Os Economistas).]

MARX, Karl. *Economic and Philosophical Manuscripts of 1844*.
Trad. Martin Milligan. Buffalo: Prometheus, 1988. [Ed. bras.:
Manuscritos econômico-filosóficos. Trad. Jesus Ranieri. São Paulo:
Boitempo, 2004.]

MARX, Karl. *Capital: A Critique of Political Economy*, v. 1. Trad. Ben
Fowkes. Londres: Penguin, 1990. [Ed. bras.: *O capital: crítica da
economia política*, livro I, *O processo de produção do capital*. Trad.
Rubens Enderle. 2. ed. São Paulo: Boitempo, 2017.]

MELOSSI, Dario & PAVARINI, Massimo. *The Prison and the Factory: Origin
of the Penitentiary System*. Totowa: Barnes & Noble, 1981. [Ed.
bras.: *Cárcere e fábrica: as origens do sistema penitenciário (séculos
XVI e XIX)*. Rio de Janeiro: Revan/ICC, 2006.]

MERINO, Patricia. *Maternidad, igualdad y fraternidad: las madres
como sujeto político en las sociedades poslaborales*. Madri: Clave
Intelectual, 2017.

MIES, Maria. *Patriarchy and Accumulation on a World Scale: Women in
the International Division of Labor*. Londres: Zed, 2014 [1986]. [Ed.
bras.: *Patriarcado e acumulação em escala mundial: mulheres na divisão internacional do trabalho*. Trad. Coletivo Sycorax. São Paulo:
Ema/Timo, 2022.]

MILWAUKEE COUNTY WELFARE RIGHTS ORGANIZATION. *Welfare
Mothers Speak Out: We Ain't Gonna Shuffle Anymore*. Nova York:
Norton, 1972.

MOLINA, Natalia. *Fit to Be Citizens: Public Health and Race, 1879-1939*.
Berkeley: University of California Press, 2006.

MORAGA, Cherríe & ANZALDÚA, Gloria (org.). *This Bridge Called My Back*.
Nova York: Kitchen Table/Women of Color Press, 1983.

MORGAN, Robin (org.). *Sisterhood Is Powerful: An Anthology of Writings
from the Women's Liberation Movement*. Nova York: Random
House, 1970.

MURPHY, Julien S. *The Constructed Body: Aids, Reproductive Technology,
and Ethics*. Nova York: Suny Press, 1995.

NISSIM, Rina. *Une sorcière des temps modernes: le self-help et le mouvement femmes et santé*. Lausanne: Mamamélis, 2014.

NOBLE, David F. *The Religion of Technology: The Divinity of Man and the Spirit of Invention*. Nova York: Penguin, 1999.

NOURSE, Victoria F. *In Reckless Hands: Skinner v. Oklahoma and the Near Triumph of American Eugenics*. Nova York: W.W. Norton, 2008.

O'NEILL, William L. *Divorce in the Progressive Era*. New Haven: Yale University Press, 1967.

PALTROW, Lynn M. & FLAVIN, Jeanne. "Arrests and Forced Interventions on Pregnant Women in the United States, 1973-2005: Implications for Women's Legal Status and Public Health", *Journal of Health Politics, Policy and Law*, v. 38, n. 2, p. 299-343, abr. 2013.

PATEMAN, Carole. *The Sexual Contract*. Stanford: Stanford University Press, 1988. [Ed. bras.: *O contrato sexual*. Trad. Marta Avancini. Rio de Janeiro: Paz e Terra, 1993.]

PFEUFER KAHN, Robbie. "Women and Time in Childbirth and Lactation". *In*: FORMAN, Frieda Johles & SOWTON, Caoran (org.). *Taking Our Time: Feminist Perspectives on Temporality*. Nova York: Pergamon Press, 1989, p. 20-36.

POLHEMUS, Ted. *The Body Reader: Social Aspects of the Human Body*. Nova York: Pantheon, 1978.

POOLE, W. Scott. *Satan in America: The Devil We Know*. Lanham: Rowman & Littlefield, 2009.

REESE, Ellen. *Backlash against Welfare Mothers: Past and Present*. Berkeley: University of California Press, 2005.

ROBERTS, Dorothy. *Killing the Black Body: Race, Reproduction, and the Meaning of Liberty*. Nova York: Vintage Books, 2017 [1977].

ROTHSCHILD, Joan (org.). *Machina Ex Dea: Feminist Perspectives on Technology*. Nova York: Pergamon, 1983.

ROZZI, Renato A. *Psicologi e operai: soggettività e lavoro nell'industria italiana*. Milão: Feltrinelli, 1975.

RYNES, Sara L.; GERHART, Barry & PARKS-LEDUC, Laura. "Personnel Psychology: Performance Evaluation and Pay for Performance", *Annual Review of Psychology*, v. 56, n. 1, p. 571-600, fev. 2005.

SALECL, Renata. *On Anxiety*. Nova York: Routledge, 2004. [Ed. bras.: *Sobre a ansiedade*. Trad. Andre de Godoy Vieira. São Leopoldo: Editora Unisinos, 2005.]

SARTRE, Jean-Paul. "Bad Faith". *In*: *Being and Nothingness: A Phenomenological Essay on Ontology*. Nova York: Pocket Books, 1956. [Ed. bras.: "A má-fé". *In*: *O ser e o nada: ensaio de ontologia fenomenológica*. Petrópolis: Vozes, 1997.]

SARTRE, Jean-Paul. *No Exit and Three Other Plays*. Nova York: Vintage, 1976. [Ed. bras.: *Entre quatro paredes*. Rio de Janeiro: Civilização Brasileira, 2022.]

SCHIEBINGER, Londa. *Nature's Body: Gender in the Making of Modern Science*. New Brunswick: Rutgers University Press, 2004 [1993].

SEIDMAN, Steven. *Difference Troubles: Queering Social Theory and Sexual Politics*. Cambridge: Cambridge University Press, 1997.

SOLINGER, Rickie *et al.* (org.). *Interrupted Lives: Experiences of Incarcerated Women in the United States*. Berkeley: University of California Press, 2010.

STARR, Paul. *The Social Transformation of American Medicine: The Rise of a Sovereign Profession and the Making of a Vast Industry*. Nova York: Basic, 1982.

STOCKING JR., George W. *Bones, Bodies, Behavior: Essays on Biological Anthropology*. Madison: University of Wisconsin Press, 1988.

SUBLETTE, Ned & SUBLETTE, Constance. *The American Slave Coast: A History of the Breeding Industry*. Chicago: Lawrence Hill, 2016.

TAPIA, Ruby C. "Representing the Experience of Incarcerated Women in the United States". *In*: SOLINGER, Rickie *et al.* (org.). *Interrupted Lives: Experiences of Incarcerated Women in the United States*. Berkeley: University of California Press, 2010, p. 1-6.

TAYLOR, Sunaura. *Beasts of Burden: Animal and Disability Liberation.* Nova York: New Press, 2017.

TURNER, Bryan S. *Regulating Bodies: Essays in Medical Sociology.* Londres: Routledge, 1992.

TURNEY, Lyn. "The Politics of Language in Surgical Contraception". *In*: LAY, Mary M. *et al.* (org.). *Body Talk: Rhetoric, Technology, Reproduction.* Madison: University of Wisconsin Press, 2000, p. 161-83.

VALENTINE, David. *Imagining Transgender: An Ethnography of a Category.* Durham: Duke University Press, 2007.

VORA, Kalindi. "After the Housewife: Surrogacy, Labour and Human Reproduction", *Radical Philosophy*, n. 2.04, p. 42-6, primavera 2019.

WILLIAMS, Kristian. *American Methods: Torture and the Logic of Domination.* Boston: South End Press, 2006.

WITTIG, Monique. "The Straight Mind". *In*: *The Straight Mind and Other Essays.* Nova York: Harvester Wheatsheaf, 1992, p. 21-32. [Ed. bras.: "O pensamento hétero". *In*: *O pensamento hétero e outros ensaios.* Trad. Maíra Mendes Galvão. Belo Horizonte: Autêntica, 2022.]

YURICK, Sol. *Behold Metatron, the Recording Angel.* Brooklyn: Autonomedia, 1985.

FOTO: REBECA FIGUEIREDO

SILVIA FEDERICI é uma intelectual militante de tradição feminista marxista autônoma. Nascida na cidade italiana de Parma em 1942, mudou-se para os Estados Unidos em 1967, onde foi cofundadora do International Feminist Collective [Coletivo internacional feminista], participou da International Wages for Housework Campaign [Campanha internacional por salários para o trabalho doméstico] e contribuiu com o Midnight Notes Collective.

Durante os anos 1980, foi professora da Universidade de Port Harcourt, na Nigéria, onde acompanhou a organização feminista Women in Nigeria [Mulheres na Nigéria] e contribuiu para a criação do Committee for Academic Freedom in Africa [Comitê para a liberdade acadêmica na África].

Na Nigéria pôde ainda presenciar a implementação de uma série de ajustes estruturais patrocinados pelo Fundo Monetário Internacional e pelo Banco Mundial.

Atualmente, Silvia Federici é professora emérita da Universidade Hofstra, em Nova York.

É autora de *Calibã e a bruxa: mulheres, corpo e acumulação primitiva* (Elefante, 2017 [2023]); *O ponto zero da revolução: trabalho doméstico, reprodução e luta feminista* (Elefante, 2019); e *Reencantando o mundo: feminismo e a política dos comuns* (Elefante, 2022), além de ter publicado inúmeros artigos sobre feminismo, colonialismo, globalização, trabalho precário e comuns.

[cc] Elefante, 2023
[cc] Silvia Federici, 2023

Esta obra pode ser livremente compartilhada, copiada, distribuida
e transmitida, desde que as autorias sejam citadas e não se faça
uso comercial ou institucional não autorizado de seu conteúdo.

Título original:
*Beyond the Periphery of the Skin: Rethinking, Remaking,
and Reclaiming the Body in Contemporary Capitalism*
[cc] PM Press, 2020

Primeira edição, novembro de 2023
Primeira reimpressão, março de 2025
São Paulo, Brasil

Dados Internacionais de Catalogação na Publicação (CIP)
Angélica Ilacqua CRB – 8/7057

Federici, Silvia
    Além da pele: repensar, refazer e reivindicar o corpo no
        capitalismo contemporâneo / Silvia Federici; tradução
        de Jamille Pinheiro Dias — São Paulo: Elefante, 2023.
        192 p.: color

ISBN 978-65-6008-014-0

Título original: Beyond the Periphery of the Skin: Rethinking,
Remaking, and Reclaiming the Body in Contemporary Capitalism

1. Ciências sociais 2. Feminismo 3. Mulheres —
Condições sociais I. Título II. Pinheiro Dias, Jamille

23-5354   CDD 300

Índices para catálogo sistemático:
1. Ciências sociais

---

elefante
editoraelefante.com.br
contato@editoraelefante.com.br
fb/editoraelefante
@editoraelefante

FONTES	GUARDIAN & AKHAND
PAPEL	SUPREMO 250 G/M² E PÓLEN BOLD 90 G/M²
IMPRESSÃO	PIFFERPRINT